Patron autrement

Matthias Savignac

Patron autrement

Présider une entreprise sans renier ses valeurs

Stock

Maquette de couverture : Anaïs Génot
ISBN : 978-2-234-09718-6

Je dédie ce livre
à toutes les femmes et à tous les hommes
qui se transmettent le flambeau depuis
quatre-vingts ans pour faire vivre
le modèle mutualiste.

Sommaire

Introduction

Quand on imagine un grand patron, on pense souvent à des personnages comme J. R. Ewing dans Dallas, cigare aux lèvres, dollars en main et stock-options en tête, prêt à tous les coups bas du haut de sa tour d'ivoire. En France, la plupart des patrons ont suivi les mêmes cursus. Nés à Paris, dans des grandes villes ou des capitales étrangères. Issus de l'ENA, de HEC, de l'Essec ou de grandes écoles de commerce européennes. Ils appartiennent à des clubs de sports exclusifs, pratiquent le golf ou l'équitation, portent de jolis costumes et des chaussures italiennes. Ils se rencontrent dans les mêmes restaurants, fréquentent les mêmes cercles. Évidemment, c'est un peu caricatural, les codes ont changé. J'ai parfois le sentiment de ne pas incarner cette image d'Épinal du président d'entreprise. Aujourd'hui, certains patrons tombent la cravate et portent des baskets, se montrent concernés par l'impact et le partage de la valeur. Je fais partie de cette nouvelle génération de dirigeants qui ont installé leur bureau au milieu d'un *open space* et qui trouvent les attributs du pouvoir pesants.

Je suis loin de l'image que l'on se fait d'un patron de grande entreprise française. Né à Villefranche-de-Rouergue dans l'Aveyron, j'ai suivi des études d'anglais à l'université de Grenoble. Je porte des baskets, jamais de cravate mais toujours une bague Goldorak. Je préfère passer mes soirées chez moi à cuisiner plutôt qu'à fréquenter les réceptions mondaines à la mode. Un journaliste a écrit que je n'étais pas un patron comme les autres. Pourtant, comme les autres, je suis un patron. J'ai été élu à deux reprises à ce jour et je préside une entreprise de 10 000 salariés qui génère plus de trois milliards d'euros de chiffre d'affaires dans un secteur concurrentiel. Pourtant, je n'ai jamais appris ce que l'on apprend dans une école de management. Je préfère l'instinct au par cœur. J'ai appris à gérer les conflits quand j'étais prof en Segpa, j'ai appris à créer des stratégies des alliés en faisant des passes avec mes coéquipiers au basket.

De nombreux grands patrons français inscrivent le métier prestigieux de leur père en haut de leur fiche du Who's who. Le mien était mineur. Je ne suis pas un héritier, mais j'ai un héritage familial fait de valeurs : voir son père partir à la mine, revenir épuisé et noir de charbon, vous apprend mieux la valeur travail que n'importe quel cours magistral. Je n'ai jamais passé d'examen théorique sur le thème de la solidarité, je l'ai vécue chaque jour de mon enfance en voyant ma mère faire les courses pour les voisins, soigner son frère, héberger sa mère malade, accompagner les uns et les autres à leurs rendez-vous médicaux, organiser les soirées de loisirs de toute la famille, nous élever, mon frère et moi, surveiller les cantines pour gagner trois sous, assumer les fonctions de trésorière du parti communiste local et de conseillère municipale. Mon père m'a légué la valeur travail, ma mère la valeur solidarité. J'étais un excellent élève, toujours premier de la classe à l'école élémentaire, puis au collège à Carmaux, dans le Tarn, ville de Jean Jaurès où ma famille s'était installée.

Les mots des enseignants marquent parfois pour la vie. Quand j'étais en sixième, un prof m'a asséné cette sentence : « Matthias est intéressé par tout mais passionné par rien. » Cela m'a blessé au point que je m'en souvienne encore quarante ans après. Il se trompait. J'étais passionné par tout. Je pouvais écrire dix copies doubles sur les centrales nucléaires, les ouvrages d'art, ou sur un livre. J'étais affamé de connaissances, je voulais accumuler les savoirs et tout comprendre. J'aurais adoré faire des études de sciences politiques. Mais on ne propose pas à un fils de mineur de passer les concours de Sciences Po. Surtout s'il est élève dans un lycée à 1 000 mètres d'altitude en bordure d'une mine en train de fermer.

Mon champ des possibles était limité géographiquement comme dans mon imaginaire. J'ai été accepté dans toutes les classes préparatoires d'un lycée près de chez mes parents, que j'avais demandées parce que c'était pratique. Mais sans objectif ni préparation, je n'ai pas su et pas voulu à l'époque me donner à fond pour intégrer une grande école. J'ai atterri en fac d'anglais, puis j'ai été appelé pour le service militaire, et j'ai intégré par facilité l'IUFM qui me garantissait un métier et un salaire décent. Si mon père avait été un grand industriel, un ministre ou même un cadre dirigeant, j'aurais tout naturellement fait de grandes études dans les meilleures écoles, son entourage lui aurait proposé des appuis, des mises en réseau efficaces, des stages prestigieux, des recommandations chaleureuses. Je vois aujourd'hui comment ce système fonctionne. Une forme de déterminisme de classe fait que l'on n'imagine pas le fils d'un mineur se hisser à ce point au-dessus de sa condition sociale. Le manque de capital social induit le manque d'ambition. Personne ne s'attendait à ce que je poursuive de grandes études alors personne ne m'y a poussé.

Le premier jour où je me suis trouvé devant une classe en tant que prof, j'ai aimé cette expérience mais j'ai su immédiatement que je ne ferai pas ce métier toute ma vie. J'ai enseigné avec engagement et application, mais pendant cette longue période de mon existence, je me suis laissé glisser. Puis je me suis un peu assoupi. J'avais un travail pas déplaisant, un salaire modeste mais régulier, du temps libre pour mes loisirs, et une forme de torpeur m'a envahi. Je savais au fond de moi que, bien que ce métier soit formidable, j'aspirais à autre chose. Et, peu à peu, je me suis réveillé. La conscience du temps qui passe s'est faite plus forte à mesure que j'ai mûri. J'ai réalisé que je ne voulais pas d'une vie trop monotone. J'éprouvais le besoin de m'exalter, de me mettre en danger, de me lancer des défis. Le besoin de me rendre utile à un autre niveau est devenu pressant. Le besoin de me réaliser. Le besoin de conquête. Le besoin de diriger. Le besoin de vivre autre chose qu'une routine, pas désagréable mais pas euphorisante non plus. Le besoin aussi d'exercer mon leadership, d'entraîner des gens avec moi. Je vivais alors dans du coton, j'entendais des voix de loin, des décisions se prenaient pour moi, hors de moi, et les jours défilaient. J'avais conscience de cette lassitude, mais je ne réagissais pas.

Et puis j'ai fait une rencontre à un moment où je ne m'y attendais pas. Le hasard a fait que j'ai croisé la route de la présidente de la section MGEN de l'Isère. Les échanges que j'ai pu avoir avec elle sur les valeurs et les actions portées par ma mutuelle m'ont donné envie de lui consacrer du temps, pour la représenter, pour y porter des projets de prévention santé, pour contribuer à sa stratégie.

Je me suis donc engagé comme bénévole à la MGEN, quelques heures par semaine en plus de mon activité d'enseignant, j'étais au début de la trentaine. J'envisageais alors sérieusement de quitter le métier d'enseignant pour créer une entreprise. Mon but ? Être à la tête d'une structure, la développer, faire. Construire. Réussir. Le bénévolat à la MGEN représentait une forme d'engagement pour une cause, celle de la solidarité, dans une mutuelle créée par et pour les enseignants, non seulement pour leur protection sociale mais aussi pour défendre des valeurs. La MGEN m'a passionné, sans pour autant me galvaniser au début. Elle a longtemps été, elle aussi, un long fleuve tranquille.

Thierry Beaudet, alors président, a vite repéré mon énergie et mon envie alors que j'étais encore bénévole. Il m'a embarqué avec bienveillance dans les grands projets nationaux, m'a proposé de faire plus, m'a poussé à me dépasser. Je me suis lié d'amitié avec un groupe d'engagés qui, comme moi, ont laissé leurs classes pour devenir administrateurs ou délégués, et sont passés du tableau noir aux instances dirigeantes de l'entreprise en face de la tour Montparnasse. Je menais à bien les missions qu'on me confiait, j'étais toujours disponible pour venir plus longtemps à Paris où se prenaient les décisions pour l'avenir de la mutuelle. Si bien que, tous les deux ans, je prenais une responsabilité supplémentaire. Naturellement, en quelques années, je suis passé d'administrateur à vice-président, poussé par Thierry Beaudet avec le soutien de l'équipe. J'ai suivi le mouvement là aussi, et si Thierry ne m'avait pas enrôlé, je serais peut-être resté bénévole local. Ces années ont été formatrices, humainement et professionnellement. J'ai rencontré des gens, vu ma rémunération augmenter, pris des responsabilités, appris. L'international, la diplomatie, la gestion des équipes, l'organisation de l'entreprise, la communication de la marque, les enjeux commerciaux, sont peu à peu devenus mon quotidien. J'ai accumulé de l'expérience, passé deux masters, managé des gens, recruté des militants. Je le faisais avec dévouement mais toujours un peu en dehors de moi-même, facilement, sans embûche particulière et donc sans le sentiment de me réaliser pleinement.

Puis un jour, c'est comme si j'avais claqué des doigts pour me réveiller. Une réflexion de quatre secondes a répondu à une interrogation vieille de dix ans. Alors qu'un problème de gouvernance secouait la mutuelle et qu'était organisée une « session gestion de crise en CA » en huis clos, le président d'alors, qui avait été élu après Thierry, a demandé qui voulait s'exprimer. Son successeur désigné (par ailleurs mon ami) a réagi le plus rapidement, et pris la parole. J'avais beau respecter les deux hommes, je bouillais intérieurement. Je n'étais pas en phase avec la direction qu'ils proposaient. Ce n'était pas une question d'ego mais vraiment de vision pour l'entreprise. Je n'avais aucun plan de carrière particulier, seulement des envies pour la MGEN qui, avec les années, faisait un peu partie de moi. Je n'avais pas créé mon entreprise comme je l'avais envisagé, mais j'avais donné du temps, de l'énergie, des idées pour la mutuelle et j'entendais bien continuer, sans la laisser dériver. J'ai levé la main et je suis allé en tribune, poussé par une énergie nouvelle, alors que je n'avais rien préparé du tout. Les mots sont sortis tout seuls de ma bouche, je suis intervenu longuement devant l'ensemble des administrateurs de la mutuelle. Je savais alors que deux options s'ouvraient à moi : soit je mettais tout en œuvre pour changer ce qui pour moi n'était pas acceptable, soit je partais. C'est à cet instant que j'ai pris la décision de me présenter aux élections pour devenir président de la MGEN.

J'étais en mode pilote automatique jusque-là, et j'ai alors repris la direction de ma vie. À la suite d'une campagne difficile et acharnée dans laquelle je n'étais pas le favori, tant s'en faut, j'ai réussi à convaincre les voix de la majorité des votants et à me propulser à la tête de l'entreprise. Mais on ne devient jamais président tout seul : j'ai remporté cette élection parce que j'ai été soutenu par une équipe. Nous avons commencé à cinq, puis huit, puis dix, puis, pour que ça nous porte plus loin, nous sommes passés à dix-sept membres, et enfin des dizaines ! Ce fut une période que j'ai trouvée à la fois très longue et très courte.

Toute mon énergie était tournée vers cet objectif ; c'était intense et exaltant en même temps. Je me suis préparé à devenir président et pas à l'être, n'ayant eu aucun tuilage avec mon prédécesseur, eu égard aux conditions dans lesquelles j'ai été élu. Ce fut aussi une nouveauté, qui bouscula les habitudes : on n'avait jamais eu deux candidats. Je n'ai pas mis longtemps à endosser le rôle, je n'ai jamais pensé que l'on parlait de mon prédécesseur quand on disait « monsieur le Président ». Ma prise de poste a été énergique mais la transition a été longue. Je n'ai pas envie de revenir plus longuement sur ces moments, car ce qui compte, c'est simplement qu'elle m'a permis de mûrir et de grandir, comme toute période de crise ou de changement. Mon compétiteur et ami à la présidence de MGEN est à la suite de cet épisode devenu, notamment avec mon soutien, président de la Mutualité Française où il y excelle.

Aujourd'hui je suis président. Et cela m'agace parfois de commencer chaque échange sur mon action par mon passé. Comme si l'on voulait m'y maintenir. Je viens d'ailleurs moi-même de m'y astreindre. J'ai abordé ce parcours en introduction de ce livre pour l'assumer. Mon parcours ne détermine pas qui je suis. J'ai été prof pendant quelques années, mais je ne suis pas un « ancien prof », je suis le président d'une entreprise mutualiste. J'ai appris que mes réponses étaient au moins aussi bonnes que celles des autres. J'ai enseigné pendant sept ans mais j'ai été responsable de la MGEN durant près de dix-sept ans. J'estime être émancipé de tout. De mes origines, de mon passé, de mes propres tergiversations. Je n'attends plus pour agir. Je me sens plus libre que n'importe qui, moins formaté, moins tenu. La plupart des patrons n'ont pas vécu dans un milieu pauvre, chez les mineurs de fond, avec à peine de quoi partir en vacances l'été. Moi, si. Je ne considère pas ce parcours comme un boulet mais comme une richesse. Ce que j'aime, c'est décider, et pas me morfondre sur mon passé. Et aujourd'hui, je décide. L'important n'est pas que les autres y croient, mais avant tout que moi j'y croie, et c'est ainsi que je réussirai à convaincre. Que moi, je le sache : je ne me définis pas par ce que j'ai été mais par ce que je suis et ce que je fais. Mon parcours est, comme tous les parcours, fait de linéarités et de ruptures.

La MGEN est une part importante de ma vie. Je l'ai choisie autant qu'elle m'a choisi, je m'y suis engagé parce que j'appréciais son histoire, ses valeurs de solidarité, de collectif, de soutien aux plus fragiles. On m'y a fait confiance, j'y ai grandi, je m'y suis développé, formé, engagé, enrichi. Je m'y suis fait des amis. Ce n'est pas une offre d'emploi opportune ou un chasseur de têtes qui me propose d'en prendre la présidence : je me suis battu, cela forge un parcours autant qu'un lien humain.

J'ai bien sûr un attachement fort pour les femmes et les hommes de la MGEN. Nous partageons plus qu'un terreau d'engagement commun et de militantisme. Nous partageons nos vies, des naissances, des deuils, nos réussites comme nos difficultés, des journées de travail riches d'échanges et de constructions collectives. Un sentiment d'appartenance. Je ne suis pas fier d'une marque, ça n'aurait pas de sens. Je suis fier de tout ce que cette marque a accompli depuis son origine. Elle a développé une offre de soins, accompagné des personnes dans leurs difficultés comme dans leurs moments de joie. Elle a orienté, guidé, rassuré des millions de gens. Je suis fier des combats menés par la MGEN dans tous les grands moments de l'histoire – quand la MGEN finançait des IVG illégales par exemple –, mais également de ce qu'elle fait au quotidien, partout en France, pour permettre à chacun de se soigner. Oui, je suis fier du quotidien autant que de l'exceptionnel.

Pour autant, je ne me confonds pas avec la MGEN. Elle fait partie de moi, mais elle n'est pas moi. Je ne suis que de passage à sa présidence, comme tout patron d'une entreprise non patrimoniale. Et elle n'est que de passage dans ma vie – un passage certes long et structurant ! J'ai 51 ans et je sais que je ne serai pas président de la MGEN toute ma vie.

Je pense que chacun est son propre frein : nous sommes le produit de notre histoire, de notre éducation, de notre milieu social. Certains d'entre nous n'ont jamais été poussés à se dépasser. Ceci étant, je suis parfaitement conscient que le travail acharné et l'envie de sortir de sa condition ne suffisent pas toujours : le facteur chance, les conditions de vie, l'état de santé, le réseau de connaissances jouent sur la trajectoire professionnelle autant que l'énergie que l'on y met. Mais j'ai aussi compris que la manière dont les gens réagissent à notre parcours reflète leurs propres limites. C'est humain, chacun range l'autre dans une case, sûrement par facilité. Mais rien ne nous oblige à nous conformer au regard que les autres portent sur nous. J'ai été enseignant, mais cela ne conditionne ni mon présent ni mon avenir. Alors, je ne mets plus aucune limite. Bien que je sois président d'une entreprise mutualiste, je ne me sens pas plus bête que n'importe quel autre grand patron lorsque je parle à l'un d'eux. Avec le temps et les échanges, j'ai d'ailleurs appris à me détacher des images d'Épinal que je nourrissais moi aussi sur eux, à voir les hommes ou les femmes derrière les fonctions et à me laisser surprendre par leurs histoires de vies, bien moins caricaturales qu'on ne l'imagine. À entendre les vulnérabilités et les humains derrière les titres.

Ce que j'aime dans ma vie, c'est servir l'intérêt général. Pour cela, il me faut assumer pleinement qui je suis ; être président de la MGEN me permet de le faire. Je peux refuser ce que je n'aime pas et accepter ce qui m'inspire. Je reçois autant que je donne. Le pouvoir est une forme de liberté, et j'ai prouvé que je pouvais conquérir ce pouvoir et l'assumer dans des périodes de crise. Peu importe si on m'aime ou non, on reconnaît mon courage et mon expertise. C'est ce qui prime à mes yeux. Si j'ai eu l'impression de dormir auparavant, je suis aujourd'hui totalement réveillé, et ce sentiment d'avoir derrière moi tant de temps perdu décuple mon énergie. Depuis que je suis président, je travaille d'arrache-pied, me levant à l'aube, enchaînant les réunions et les déplacements dans toute la France, remettant sans cesse en question ma manière de faire pour l'améliorer.

L'entreprise mutualiste, dans laquelle seul le mérite compte, m'a permis de prouver ma capacité à prendre des décisions majeures. Je passe d'une réunion à l'Élysée à une assemblée générale de militants, d'un plateau télé à un déjeuner avec d'autres dirigeants. Peu de choses sont inaccessibles pour le président d'une entreprise comme celle-ci. Cette vie peut vite vous donner le tournis. Mais je garde les pieds sur terre, car j'agis au nom de valeurs qui me dépassent. Et jamais pour moi, toujours pour les autres.

Comme un caméléon, je n'ai aucun mal à me fondre dans les cercles du pouvoir parisien, même si je viens d'une famille modeste et rurale. Grâce à ma fonction, j'ai même pu intervenir à l'ONU à New York, où j'ai rencontré la femme de ma vie, alors ministre influente, qui me pousse aujourd'hui à être toujours meilleur chaque jour. Sa présence à mes côtés est une véritable source de motivation : l'engagement est le fondement de notre relation. Et c'est aussi cette dynamique qui me donne envie de prendre la parole et de considérer ma présidence de la MGEN comme un point de départ, non comme un aboutissement. Le groupe est en pleine transformation ; chaque jour, avec les équipes, nous ne faisons que commencer.

La MGEN, une entreprise pas comme les autres

Je préside une entreprise pas comme les autres. Mais comme les autres, elle est une entreprise. La MGEN a des enjeux économiques, d'emploi, de rentabilité, elle doit conquérir de nouveaux marchés, faire face à la concurrence, à la pression réglementaire, organiser son dialogue social, assurer le rayonnement de la marque, répondre aux besoins de ses « clients », etc. Mais la MGEN n'est pas une entreprise comme les autres. Elle fait partie de l'histoire sociale de notre pays : elle a assuré une protection sociale aux fonctionnaires à une époque où rien n'était prévu pour eux. La MGEN a été créée au sortir de la Seconde Guerre mondiale. Vous croiserez toujours quelqu'un qui a une histoire avec cette entreprise.

Quand je dis que je préside la MGEN, les gens, qu'ils soient ministres ou agriculteurs, réagissent de la même manière. Ils en ont tous déjà entendu parler ou ils ont eu affaire à elle. « Mes parents étaient profs, ils étaient à la MGEN ! », « J'ai été pion dans ma jeunesse, j'ai été adhérent MGEN ! », « Ah oui je tombe souvent sur le magazine ! » Quand ils n'ont pas une réclamation à faire valoir. Comme l'usager qui se plaint auprès du patron de la SNCF que son train Rennes-Paimpol a eu du retard l'été dernier, l'adhérent MGEN me montre son implant dentaire, dont il a obtenu le devis après plusieurs échanges, brandit ses nouvelles lunettes en demandant à quel moment son remboursement va arriver, ou me dira simplement combien il a apprécié l'échange téléphonique avec la responsable de sa section. Tout cela traduit deux choses : la présence de la MGEN dans le quotidien des Français, au-delà même de ses adhérents, et l'attachement historique affectif, positif ou exigeant – ou les deux – pour cette entreprise. On n'a d'ailleurs pas besoin de préciser « MGEN la mutuelle des profs (ou des fonctionnaires) ». Les quatre lettres vertes parlent pour elles-mêmes. C'est la force d'une marque populaire.

De ce fait, la MGEN est aussi considérée comme puissante. Je ne suis pas le seul à le dire. Cette perception tient à sa capacité d'influence sur le débat public, mais aussi à son maillage territorial : peu d'organisations ont aujourd'hui une section par département, et de nombreux partis politiques envient la qualité de notre fichier militant. Nous incarnons une part importante de la société civile organisée et engagée. Quand ma relation avec ma compagne, alors ministre, a été rendue publique, quelques chaînes d'information m'ont fait émerger dans les actualités politiques. Pour désigner la MGEN, l'une d'elles a choisi l'expression : « La très puissante MGEN » Cette épithète nous flatte, mes équipes et moi, bien sûr. Il ne m'appartient pas de qualifier la réalité de notre propre puissance, mais d'acter qu'elle fait partie des représentations de l'entreprise que je préside. C'est ainsi.

Le fonctionnement des entreprises mutualistes et leur rôle dans l'économie sociale et solidaire

Les entreprises mutualistes, comme la MGEN, font partie intégrante de l'économie sociale et solidaire (ESS). C'est le cas d'Harmonie Mutuelle, de la Mutuelle Générale de la Police, de la Mutuelle Nationale des Hospitaliers et de bien d'autres. Si une entreprise d'assurance ne dépend pas de l'ESS, elle n'est pas une mutuelle ! Ce terme est devenu synonyme de « complémentaire santé » mais l'utiliser ainsi, c'est le galvauder. Non, on n'est pas « mutualiste » quand on fait appel à des fonds capitalistiques, par exemple, ni quand on n'a pas un fonctionnement démocratique organisé pour représenter les adhérents. Et encore moins quand on rémunère des actionnaires.

Les vraies mutuelles sont basées sur des principes de solidarité, de démocratie, et de gestion collective. À la différence des entreprises traditionnelles, qui poursuivent principalement un objectif de profit pour les actionnaires, les entreprises mutualistes sont au service de leurs membres, qui ne sont pas détenteurs de capital. Leur but est de répondre aux besoins de leurs adhérents, qu'il s'agisse de protection sociale, de santé, de prévoyance ou d'autres services, dans un cadre de partage des bénéfices et de gouvernance participative.

Dans une entreprise mutualiste, chaque adhérent a un droit de vote, quel que soit le montant de sa cotisation, ce qui garantit une équité dans la prise de décision. Cette gestion démocratique est l'un des piliers de l'économie sociale et solidaire, qui promeut des modèles dans lesquels l'humain et l'intérêt collectif priment sur la recherche exclusive du profit. Les entreprises mutualistes, autonomes et compétitives, mettent en avant des valeurs de coopération, d'équité et de responsabilité. Elles sont des acteurs importants de la solidarité, permettant d'offrir des services accessibles à tous, en particulier dans des domaines essentiels comme la santé, et ce, dans un cadre de transparence et de partage des ressources.

Ce fonctionnement spécifique est la garantie d'une gestion orientée vers l'intérêt général, dans un esprit de mutualisation des risques et des bénéfices. Les acteurs qui composent ces structures – les adhérents, les militants, les administrateurs et les salariés – contribuent à maintenir cet équilibre entre solidarité, performance et responsabilité collective.

Les adhérents : au cœur de la mutualité

Les adhérents sont les membres de la MGEN, c'est-à-dire les personnes qui cotisent à la mutuelle pour bénéficier de ses services, principalement en matière de santé, de prévoyance et de protection sociale. Ils sont à la fois les « clients » et les « propriétaires » de l'entreprise mutualiste. En tant qu'assurés, ils ont un pouvoir démocratique direct : chaque adhérent est en droit de participer aux assemblées générales, où sont prises les décisions essentielles concernant la gestion de la mutuelle, ses orientations et son fonctionnement.

Ce modèle permet aux adhérents, à travers leurs représentants élus, de participer activement à la vie de leur mutuelle. Par exemple, ils peuvent élire des administrateurs, poser des questions lors des assemblées générales, ou encore proposer des changements qui pourraient améliorer les services offerts. En somme, les adhérents sont les piliers du système et leur voix compte dans les décisions qui influencent la gestion de la MGEN. Ils sont au cœur de chacune de nos décisions. Le moteur de chacune des décisions prises par la mutuelle : l'intérêt des adhérents.

Les militants : acteurs de la gouvernance démocratique

Les militants jouent un rôle fondamental au sein de la MGEN, ils s'engagent activement dans la défense de nos valeurs et ils animent la vie de la mutuelle. Les militants sont souvent des adhérents dont l'implication va au-delà de la simple cotisation : ils participent à des actions de terrain, organisent des événements, et exercent une pression pour faire avancer les projets sociaux ou solidaires.

Au niveau de la gouvernance, les militants sont également les porte-voix des adhérents. Ils interviennent dans les débats internes, notamment au sein des commissions ou des réunions qui permettent de définir les grandes orientations de la MGEN. Ils peuvent aussi se présenter pour devenir administrateurs, ce qui leur permet d'influencer directement les décisions stratégiques de la mutuelle. Ils ont un engagement sincère et font vivre la proximité partout sur le territoire. Dès que je me déplace, je suis impressionné par leur accueil, leur disponibilité, et par ce qu'ils réalisent concrètement partout en France !

Les administrateurs : la gestion et la direction

Les administrateurs sont élus par les adhérents lors des assemblées générales. Au sein du conseil d'administration, ils sont chargés de prendre les décisions stratégiques pour la MGEN, fixent les grandes lignes de la politique de la mutuelle et contrôlent sa gestion. Le conseil d'administration représente ainsi la « direction politique » de l'organisation, composée généralement de plusieurs dizaines de membres, élus pour un mandat de deux à six ans, selon les statuts de la mutuelle.

Les administrateurs sont chargés de valider les budgets, de superviser la gestion financière, et de donner une vision stratégique à long terme pour l'entreprise. Leur rôle est fondamental pour assurer la cohérence entre les attentes des adhérents et les décisions prises par les dirigeants. Toutefois, contrairement aux administrateurs d'une entreprise traditionnelle, leur responsabilité n'est pas financièrement motivée : ils ne sont pas rémunérés pour leurs fonctions, car leur engagement est basé sur des valeurs de bénévolat et de service collectif. Ceci étant, ils reçoivent des indemnités leur permettant d'assumer leurs responsabilités, indemnités encadrées strictement par le code de la mutualité et votées en toute transparence en assemblée générale.

Au-delà de ces missions concrètes ô combien exigeantes, les administrateurs sont aussi les représentants des adhérents au plus haut niveau de la mutuelle. Ils ont à cœur de faire en sorte que chaque euro versé par les adhérents soit utile pour les adhérents. J'apprécie nos débats au sein des conseils d'administration, c'est avec elles et eux que se construisent les grandes orientations de la mutuelle.

Le Bureau national :
une direction exécutive élue

Le Bureau national de la MGEN est constitué d'un petit groupe d'administrateurs élus par le conseil d'administration, parmi lesquels se trouvent le président et d'autres responsables de la gouvernance. Ce sont les interlocuteurs de tous les jours, de toutes les heures, du président. Ce Bureau est chargé de la gestion courante de la mutuelle et de la mise en œuvre des grandes orientations définies par le conseil d'administration.

Le Bureau national porte la responsabilité de la stratégie globale de la MGEN, gère les questions de politique générale, et veille à la cohérence des actions de la mutuelle avec ses valeurs. Ce groupe n'a pas un rôle opérationnel direct, mais il prend des décisions stratégiques concernant la direction de la mutuelle, par exemple sur les orientations économiques et sociales, ou la gestion des ressources humaines au niveau global. Les membres du Bureau national (BN) sont élus par les administrateurs, eux-mêmes désignés par les adhérents lors de l'assemblée générale.

Les décisions sont prises par le Bureau national et le comité de direction, réunis au sein du « comex », le comité exécutif. Il est composé de grands professionnels, des directeurs et des directrices, sans qui la volonté politique ne trouverait pas de traduction concrète. Les décisions prises par le comex peuvent être soumises au CA et ensuite mises en œuvre par les équipes, qui travaillent en collaboration avec le reste des administrateurs pour garantir le fonctionnement de la mutuelle et le respect des engagements envers ses adhérents.

Mon BN est composé de personnes hors pair qui sont toutes devenues des amies au fil du temps. Chacune d'elles est experte de son sujet et le porte avec cœur et conviction. Ce sont mes plus proches soutiens, mais aussi les plus exigeants. Je pense à Mylène, qui nous a fait grandir dans notre vision stratégique et notre relation aux organisations syndicales. Stéfan, qui défend l'offre de soins mutualiste et qui lui donne aujourd'hui une trajectoire d'avenir. Florence, vraie défenseure de notre démocratie mutualiste. François expert de nos grands équilibres économiques et d'une rigueur sans faille. Éric, dont la vision politique éclaire nos grands enjeux et notamment ceux du développement. Et enfin, Frédérique, qui porte nos engagements sociétaux et notre stratégie climat. Je suis fier de présider un collectif d'hommes et de femmes sincèrement engagés.

Les salariés : des professionnels au service de la mutualité

Les salariés de la MGEN ne sont pas de simples exécutants mais des professionnels qualifiés et experts dans leurs domaines. Ils jouent un rôle essentiel en garantissant que les orientations stratégiques décidées par le Bureau national et le conseil d'administration soient concrétisées au quotidien. Les salariés sont responsables de l'administration des contrats, du service aux adhérents, de la gestion des prestations, de la gestion financière et du développement des produits et services.

Ils sont organisés par métiers et par secteurs, et apportent leur expertise pour optimiser la gestion de la mutuelle, que ce soit pour les remboursements, les ressources humaines ou le développement commercial. Leur rôle est crucial car ils permettent à la mutuelle de répondre aux besoins des adhérents, d'assurer la qualité de service et de gérer efficacement les ressources.

Les salariés sont employés selon leurs compétences professionnelles et leur rémunération dépend de leur fonction, fixée par la convention collective et les pratiques de l'entreprise mutualiste. Ils sont des partenaires clés dans la mise en œuvre des décisions stratégiques prises au niveau du Bureau national et du CA et contribuent à la performance et à la pérennité de l'organisation.

Ainsi, la MGEN repose sur une structure où la direction exécutive élue, composée du Bureau national, assume les grandes orientations stratégiques, et les salariés, professionnels qualifiés, assurent l'opérationnalisation de ces orientations. Dans les faits, les salariés contribuent aussi grandement aux réflexions stratégiques, permettant ainsi d'éclairer les décisions. Les adhérents, par le biais de leur vote, participent à la vie démocratique de la mutuelle, élisent les administrateurs et influencent les choix fondamentaux. Cela crée un système où l'ensemble des acteurs œuvre en synergie, dans le respect des valeurs de solidarité et de démocratie, pour le bien-être collectif des adhérents. Ce modèle mutualiste incarne un des piliers de l'économie sociale et solidaire, en garantissant une gestion au service de l'humain, une solidarité collective et une gestion démocratique.

Une entreprise performante économiquement et socialement

On a longtemps cru qu'une entreprise était soit performante soit solidaire. Or on peut se permettre d'être solidaire et engagé seulement si l'on est performant. Réconcilier performance économique et performance sociale est une de mes grandes convictions. On ne peut plus clamer : aux entreprises capitalistiques le profit, aux entreprises de l'ESS la solidarité ! On l'a vu, chacune s'engage dans ces deux voies. Aujourd'hui c'est un grand écart mais la question doit être : comment les entreprises qui axent leurs valeurs sur la solidarité la financent-elles ? Et celles qui font beaucoup de profit, qu'en font-elles ? Cette dichotomie permettait avant de savoir dans quelle famille de l'économie on se situait. Or, si les entreprises qui font du profit financent des projets sociaux et que les entreprises qui, nativement, faisaient vivre des projets sociaux, s'organisent pour les financer, les frontières entre les deux se gomment. Les seules différences qui demeurent sont donc l'intention et la démocratie.

En ce qui me concerne, je ne suis pas « né » dans l'économie sociale et solidaire. Il m'a fallu du temps pour trouver mon engagement. Beaucoup plus que pour ces jeunes qui sont sans doute confrontés à une réalité plus dure que celle que j'ai connue. Pourtant l'engagement a accompagné mon enfance et mon adolescence. Mon père' était mineur de fond et délégué syndical. C'était un homme engagé pour ses collègues et pour son travail. Au milieu des années 80, les fermetures successives des différents bassins houillers étaient annoncées. Je me souviens des mois de grève où je voyais peu mon père, mobilisé par les actions et les manifestations. Des mois difficiles, mais des mois incroyables pour moi.

Malgré la rudesse de ces moments, mes souvenirs d'enfant retiennent la chaleur des repas partagés avec les autres familles de mineurs. Je suis indéniablement marqué par cette période de ma vie. Marqué aussi par les convictions de ma mère. Très engagée politiquement et secrétaire de son parti, elle tenait bien souvent les réunions à la maison. J'écoutais, enfant, les discussions des adultes. J'entendais les haussements de ton, les éclats de voix comme les éclats de rire, les déclarations solennelles aussi. J'ai grandi dans ce bain de convictions. Et pourtant, ni l'engagement politique ni l'engagement syndical ne m'ont séduit alors.

Je suis aujourd'hui président d'une mutuelle qui compte près de quatre millions d'adhérents, emploie 10 000 salariés et génère près de quatre milliards d'euros de chiffre d'affaires. C'est là mon engagement, celui que j'ai choisi. Si la mutuelle que je préside propose des couvertures santé et prévoyance, principalement aux agents de la fonction publique, elle fait aussi partie de l'histoire sociale de notre pays. Créée en 1946, elle est née de la fusion de sociétés de secours mutuels qui existaient jusqu'alors dans tous les départements français. Lorsque le CNR (Conseil national de la Résistance) a œuvré à la création de la Sécurité sociale, il n'était pas prévu qu'elle couvre les fonctionnaires. C'est pour bâtir la Sécurité sociale des fonctionnaires de l'Éducation nationale que les sociétés de secours mutuels ont fusionné en une grande mutuelle nationale. Rapidement la Sécurité sociale a englobé les fonctionnaires, alors la MGEN, nouvellement créée, a reçu en 1947 une délégation de gestion de cette sécurité sociale et s'est constituée en complémentaire, d'abord sur le risque prévoyance puis sur le risque santé.

La MGEN s'est construite sur des fondements politiques, elle est par essence militante. Les adhérents ont d'ailleurs créé eux-mêmes leur mutuelle. Cet engagement de longue date confère une légitimité à leur action. Mais les entreprises mutualistes, de par leur discrétion, communiquent peu sur ces aspects politiques. Or, aujourd'hui, d'autres sociétés veulent s'arroger ces vertus et se cherchent un rôle politique. Il est donc temps pour le monde mutualiste de s'extérioriser pour défendre son modèle et ses positions historiques, quitte à perdre un peu sa réserve et son humilité.

Dans un monde archipellisé, chacun cherche le plus petit dénominateur commun d'appartenance. On ne se reconnaît plus dans une identité nationale ou internationale – l'identité française est de plus en plus débattue et contestée – et le slogan « Pour que la France reste la France » est repris par des responsables politiques de tous bords mais vidé de son sens. Le citoyen français se reconnaît dans sa communauté, son quartier, son immeuble, etc. On se retrouve dans des microcosmes qui fonctionnent avec leurs propres règles, antagonistes par nature au collectif, comme l'a démontré Jérôme Fourquet dans *L'Archipel français*. La société est devenue un agrégat de particularismes qui vient défier la notion de vivre ensemble. Où est notre communauté de destin nationale ? Les clivages politiques alimentent d'ailleurs cette archipellisation. Ce n'est plus « eux et nous » mais « eux contre nous ». Dans ce contexte, une structure dans laquelle des millions d'adhérents inventent un commun sur la base de valeurs comme la solidarité et la démocratie est tout sauf anecdotique.

Quel type de leader pour les entreprises ?

Diriger une entreprise nécessite de nombreuses compétences. Le dirigeant performant se doit d'avoir plusieurs qualités intrinsèques, mais aussi quelques défauts. Le sociologue Max Weber différencie divers types de leadership, passant du leader traditionnel, au chef, au leader bureaucratique, que sa position légitime, jusqu'au leader charismatique, personnage doté de capacités extraordinaires.

Or, on peut être leader et charismatique sans être un leader charismatique. En accolant ces deux mots, on a créé une définition d'homme providentiel.

On peut être leader parce qu'on a envie d'emmener une entreprise quelque part et parce que, quand on est dirigeant, c'est sa responsabilité. C'est une force de pouvoir raconter une histoire et la partager.

Des années 1950 aux années 1970, on a cherché des leaders de gestion : les dirigeants devaient administrer l'entreprise. Une infime minorité de dirigeants visionnaires ont repensé et transformé l'entreprise. Henry Ford, au début du XXe siècle, était un « leader transformationnel ». Puis, des années 1980 aux années 2000, on a cherché des génies de la finance. Et des années 2000 aux années 2020, on a plutôt privilégié des leaders charismatiques, type gourous, en col roulé noir dans une conférence TEDx avec un micro Madonna. Le dirigeant était alors un « super porte-parole » de l'entreprise. Chacune de ses interventions ressemblait à un spectacle son et lumière. Nous avons tous en tête les interventions de Steve Jobs à chaque nouveau lancement d'un produit de la gamme Apple.

Nous sommes désormais à la croisée des chemins.

Le dirigeant d'aujourd'hui n'a plus besoin d'administrer ou d'être un génie de la finance : il anime un collectif de collaborateurs.

Il ne peut plus se contenter d'être un leader charismatique. L'époque exige des dirigeants engagés, politiques, qui conjuguent toutes ces capacités.

C'est un sacerdoce, un travail minutieux autant qu'un défi exaltant. Diriger est une aventure passionnante. Alors que nous sommes dans une ère de transformations, au sein de nos sociétés et dans le monde, je veux vous raconter comment on peut bousculer gentiment l'ordre établi et être un patron, autrement.

Chapitre 1

Le chef d'entreprise est le nouveau politique

L'entreprise d'aujourd'hui doit s'engager si elle veut survivre. Cela peut paraître excessif mais ça ne l'est pas. Certes, certaines entreprises ne s'engagent pas et survivent quand même. Pour l'instant du moins. Que ce soit sur le plan juridique, du *business model* ou de l'image, une entreprise n'a plus le choix. Lorsque je parle des entreprises, je parle des grands groupes, et pas de la PME locale ou de l'artisan-plombier. Tout simplement parce que les grandes entreprises ne sont pas soumises aux mêmes injonctions ni aux mêmes pressions que les petites – et c'est normal. Avec les nouvelles réglementations comme la CSRD, les grandes entreprises sont obligées légalement de rendre compte de leurs engagements et de limiter leurs externalités négatives (c'est-à-dire leur impact, par exemple en termes de bilan carbone). Elles ont déjà depuis plusieurs années l'obligation de s'engager sur des enjeux de handicap ou de place des femmes et, bien sûr, de non-discrimination. Si elles ne le font pas, elles tombent sous le coup de la loi et doivent s'acquitter de pénalités lourdes.

Mais au-delà de l'obligation légale, il existe une obligation réputationnelle. Face aux jeunes générations, un employeur qui ne s'engage pas ne parvient pas à recruter ou à fidéliser, et se prive de talents. De surcroît, les « citoyens clients » s'intéressent de plus en plus au côté vertueux de leur consommation. Une entreprise qui refuse de s'engager prend donc le risque de voir ses clients et ses salariés se détourner d'elle, et de s'exposer à des problèmes avec la justice. Aucune entreprise responsable ne prendrait ces risques aujourd'hui : s'engager est donc une question de survie.

L'économie sociale et solidaire (ESS), le secteur auquel appartiennent les mutuelles, prend ses racines dans des valeurs et des engagements au quotidien. Comment, depuis quand, avec qui, dans quel but ? Les statuts de l'ESS, qui prévoient un partage de la valeur et préservent du capitalisme, créent-ils de la vertu ? Comment promouvoir cette économie qui privilégie la coopération sur la compétition, cette économie de la poignée de main plutôt que de la main tendue ? Les dirigeants sont les nouveaux politiques ! L'entreprise peut-elle et doit-elle sauver le monde ?

L'entreprise est le nouveau pouvoir politique

Nous vivons une crise mondiale sans précédent. Des guerres, des conflits internationaux qui s'étendent, mâtinés de tensions politiques, économiques et religieuses. Si l'on rajoute à cela le mur vers lequel nous nous précipitons, sciemment et de plus en plus vite, sur la question environnementale, le tableau paraît bien sombre.

Les individus se retrouvent souvent seuls face à ces défis, souvent démunis, parfois en colère. Certains sont engagés pour des causes qui leur tiennent à cœur, ils font leur part, comme le colibri, qui, à sa mesure, tente d'éteindre l'incendie. Il apporte sa pierre à l'édifice. Des associations, des organisations, des fondations permettent de fédérer ces énergies autour de grandes causes, en France ou à l'étranger. Si ces organisations sont essentielles aujourd'hui, elles demeurent fragiles car dépendantes de deux facteurs. Le facteur humain tout d'abord, en cela qu'elles n'agissent que si des bénévoles ou des militants acceptent de s'engager. Le facteur économique ensuite.

Ces structures n'ont pas de modèle économique à proprement parler. Elles ne peuvent agir que si elles recueillent suffisamment de dons lors de collectes notamment, si des mécènes les financent ou si elles remportent des appels à projets. Elles mènent souvent une course aux financements dans une forme de compétition à l'action et à la survie, une course à la visibilité et à la légitimité. Leurs actions sont souvent juxtaposées. Mais si elles ne le font pas, qui le fera ?

Le bon vouloir et la générosité sont les épées de Damoclès de structures qui aujourd'hui agissent, fédèrent, créent du commun et de l'engagement. C'est pourquoi l'entreprise doit s'engager dans des combats sociétaux.

Nous vivons dans un monde qui a besoin de créer des actions positives et du lien, de recréer des communs. Un monde qui a besoin de projets. Un monde qui a besoin d'une vision, de sens. Un monde qui a besoin d'être réenchanté, de faire confiance.

Pour cela, il nous faut des leaders pour donner une direction, pour partager une vision. Or nous n'avons pas de politiques pour le faire. Aujourd'hui, ce n'est plus le projet politique qui rassemble. Nous observons un renversement entre le rôle des entreprises et le rôle des politiques.

L'action politique requiert trois préalables :

– Se projeter dans le temps long
– Être légitime pour agir
– Avoir la capacité d'agir

Or, ces trois caractéristiques ne sont plus l'apanage des politiques. Mais où est le projet politique ? Celui qui donne une trajectoire à tout un peuple, celui qui crée un sentiment d'appartenance, celui qui permet de partager une vision à long terme pour une société. Celui qui prend en compte les besoins d'un pays et de ses citoyens, celui qui prend en compte sa responsabilité environnementale au-delà de ses frontières nationales ? Où sont d'ailleurs les politiques supposés construire ce projet avec les citoyens et le mettre en œuvre ?

Souvent, ils adoptent une vision court-termiste à visée électoraliste. Ils agissent au gré des sondages. L'objectif d'un responsable politique est-il réellement de transformer le pays ? Sur la base de quoi sera-t-il évalué ? C'est un jeu de dupes. Les ministres sont évalués selon un seul critère : leur courbe de popularité. Pour obtenir des résultats sur ce thermomètre, le politique ne doit donc pas conduire une politique publique mais élaborer une stratégie de communication.

Le politique accorde désormais plus d'importance à cette vision court-termiste des choses. Le sondage, la popularité ou encore la prochaine élection semblent être leur horizon. L'inconstance et la valse des nominations ne permettent ni la continuité de l'action ni la création d'un lien fluide et riche entre les parties prenantes, syndicales notamment. La communication a pris le pas sur l'action, la popularité sur le courage. Cela renforce la défiance envers les institutions de la République, or la perte de confiance envers le politique entraîne des citoyens toujours plus nombreux vers des solutions radicales. Ainsi, loin de porter un projet universaliste, le politique exacerbe les antagonismes ; le « eux » et « nous » débouche sur le « eux » contre « nous » fragilisant notre démocratie. La mécanique est redoutable, chacun se construit son propre sentiment d'appartenance : mon métier, mon territoire, ma communauté, mon quartier. Ce besoin de se créer des repères de proximité tangibles contribue à fragmenter la société, une fragmentation renforcée par la tentation du politique à la réponse clientéliste ; celle qui oppose, qui cherche des responsables. Les « eux » contre « nous » encore.

Entre impuissance et absence de vision, chacun se retrouve seul face à son avenir individuel et ne sent pas appartenir à une communauté de destin.

La valse des remaniements donne le tournis. Depuis que je suis président de la MGEN, j'ai eu sept ministres de l'Éducation et huit de la Santé. Chaque fois, des recombinaisons de périmètres – avec ou sans le sport ? avec ou sans ministre délégué ? Rue de Grenelle ou dans le 13e ? Une quinzaine de ministres donc, avec des convictions différentes (Blanquer, Ndiaye, Attal, Oudéa-Castéra, Belloubet, Genetet, Borne...), des équipes différentes, des feuilles de route différentes. Comment imaginer alors qu'il puisse exister une forme de continuité de l'action politique ?

J'ai eu douze « premiers rendez-vous » avec des ministres. Rarement un deuxième. Ils ne sont pas restés assez longtemps pour cela. Si bien que mes affaires publiques ressemblent à la Journée de la marmotte, le film avec Andie Mc Dowell, chaque matin j'entends mon réveil sonner pour aller à un rendez-vous de présentation avec un nouveau ministre. En tant qu'observateur de la vie politique, j'ai souvent eu l'impression que de nombreux ministres tremblaient à l'idée que leur successeur ne récupère leurs projets et ne s'en attribue le mérite, et que de nombreux arrivants jetaient à la corbeille les projets initiés par leur prédécesseur, rayant leur nom de l'histoire de telle loi ou de telle directive.

En tant que dirigeant, on porte un projet, on se bat pour qu'il soit relayé, mais tout est remis à plat à chaque remaniement. La politique manque cruellement de constance dans l'action. L'entreprise, elle, construit un plan stratégique sur quatre, cinq, six, dix ans. Les dirigeants qui le portent sont ceux qui l'ont construit. Même s'il y a des entrées et des sorties dans l'entreprise, le plan n'est pas remis à plat sans prévenir. L'ambition collective est posée, partagée et durable.

De surcroît, quand on est une mutuelle de l'économie sociale et solidaire, on agit en associant toutes les parties prenantes. Le projet d'entreprise est écrit par nous et porté par nous, alors que le projet politique est écrit sans nous et porté malgré nous.

La légitimité pour agir, le devoir de le faire

La légitimité électorale, affaiblie par l'abstentionnisme, n'est plus reconnue. À chaque élection, les élus sont remis en question en raison soit de leur faible score, soit du faible taux de participation. On entend souvent parler des abstentionnistes comme de la première force politique.

La capacité à agir est amoindrie en raison de la fragmentation du monde politique. On ne peut même plus parler de polarisation (en physique, la polarisation est la circulation d'énergie).

Ces trois caractéristiques – le temps long, la capacité et la légitimité à agir – sont aujourd'hui conférées aux entreprises, qui s'inscrivent dans la durée soit parce que leurs actions les y positionnent, soit parce que les réglementations successives les y incitent. La loi Pacte et les réglementations successives (RSE, ISG), la raison d'être, l'entreprise à mission, tout amène les entreprises à s'inscrire dans le temps long. Bon gré, mal gré, quelles que soient leurs raisons, toutes finissent par le faire. Par ADN, par engagement ou par peur de la sanction économique ou de leur image.

Elles sont aussi légitimes à agir. Une légitimité renforcée par la volonté de plus en plus forte des salariés de mettre en adéquation leur activité professionnelle avec leurs engagements personnels, leurs convictions. Une forme d'alignement avec soi-même dans un monde en perte de repères et de sens. Cela confère aux entreprises à la fois une légitimité pour agir et une responsabilité. Les entreprises de l'économie sociale et solidaire s'inscrivent par essence dans le temps long et ont un mode de fonctionnement démocratique dans la prise de décision. Elles sont à la fois des lieux de travail, d'engagement et de transformation de notre société, un lieu de socialisation qui crée un sentiment d'appartenance. Du moins elles pourraient l'être et elles le seront de plus en plus.

Elles sont un petit dénominateur commun, mais un dénominateur commun quand même. Et si l'on regarde la position des jeunes sur la question environnementale, on sait qu'ils sont la dernière génération à pouvoir agir et sans doute la première à le vouloir vraiment

Les entreprises ont par ailleurs une réelle capacité à agir. Elles ont des compétences, des ressources et des projets. Et elles possèdent un important pouvoir de transformation.

La responsabilisation des entreprises s'est construite aussi autour de l'effacement progressif des frontières entre vie pro et vie perso. La crise de la Covid a renforcé des mécanismes déjà à l'œuvre. La généralisation du télétravail amène les entreprises à se préoccuper des conditions de logement des salariés. Or le logement est un critère important pour déterminer le niveau de santé. Il a d'ailleurs été le premier « médicament » durant la Covid, « si vous ne voulez pas être malade, restez chez vous ». Selon le confort de votre logement, ce « médicament » peut se révéler un véritable poison. De la même manière, depuis 2015 et la loi Pacte, les entreprises participent à la complémentaire santé de leurs salariés, les responsabilisant de plus en plus sur les questions de protection sociale. Depuis, la prévoyance ou la prévention sont de plus en plus des sujets pour les entreprises.

Assistons-nous au retour du modèle d'entreprises comme Michelin qui, au début du XXe siècle, fournissait le logement, le transport, l'école, les vacances, le médecin et le magasin ? Ou bien assistons-nous au réinvestissement de ces champs par les entreprises, le paternalisme en moins, la responsabilisation en plus ? La question se pose. Mais de fait, dès lors qu'elles investissent ces champs, les entreprises font de la politique.

Les entreprises sont donc confrontées aux enjeux écologiques, économiques, environnementaux et sociétaux. Elles ont pour elles le temps long et la crédibilité, voire l'affection que leur portent les gens – ce qui n'est hélas plus le cas des responsables politiques. Elles doivent faire rêver autant que faire du chiffre, s'engager autant que performer, porter des valeurs autant qu'un bilan comptable.

Les entreprises deviennent de nouveaux acteurs politiques : elles sont sommées de former leurs salariés, de veiller au bien-être collectif de leurs clients, d'inspirer leur écosystème et enfin de s'engager pour différentes causes. Et ces nouveaux acteurs ont besoin de nouveaux leaders. Le leadership, la sincérité, la transparence, l'engagement, l'association des parties prenantes sont leurs signes distinctifs.

Les entreprises, quelles qu'elles soient, sont de plus en plus incitées à s'engager sur des sujets de long terme. RSE, ISRD, ESG, CSRD, raison d'être, entreprise à mission, etc., de quoi parle-t-on ? La RSE (responsabilité sociétale des entreprises) englobe tous les engagements d'une structure au-delà de son cœur d'activité. Les critères ESG concernent l'écologie, le social et la gouvernance, et permettent de mesurer l'engagement RSE. L'ISRD est l'indicateur synthétique de risques de durabilité. La CSRD est une directive européenne visant à obliger les entreprises à rendre compte, de manière uniformisée en Europe, de leurs externalités et de leurs engagements. Ces sigles peuvent être flous pour des néophytes, mais ils englobent tous la question de l'engagement des entreprises. Au-delà de ces *reportings* parfois financiers – et peu compréhensibles à première vue – de grands concepts comme la raison d'être ou l'entreprise à mission ont éclos dans le débat économique. L'entreprise est désormais le lieu qui doit permettre de faire résonner son activité professionnelle et ses valeurs, son travail et ses engagements. D'ailleurs, pour de nombreux salariés, le CDI n'est plus le graal et la retraite n'est plus l'objectif. Alors qu'eux-mêmes ne se projettent pas dans l'avenir, ils poussent l'entreprise à le faire, par leurs comportements et leurs attentes. Ainsi, la QVCT (qualité de vie et conditions de travail), comme l'attention portée aux externalités négatives, est une question qui fait partie du quotidien des entreprises.

La raison d'être d'une entreprise : au-delà du profit, une vision du bien commun

La raison d'être d'une entreprise est un concept essentiel qui permet de redéfinir son rôle dans la société au-delà du simple objectif financier. Traditionnellement, le succès d'une entreprise se mesurait à l'aune de son rendement économique : faire du profit, assurer la rentabilité pour les actionnaires et croître sans relâche. Mais ce modèle, qui se concentre uniquement sur la maximisation des gains, est aujourd'hui remis en question. Dans un monde où les enjeux sociaux, environnementaux et éthiques prennent une place croissante, la raison d'être devient un principe fondamental, un véritable guide pour orienter l'action de l'entreprise.

La raison d'être va bien au-delà de la simple mission de générer des bénéfices. Elle consiste à réaffirmer l'objectif fondamental de l'entreprise. Quel est son impact sur la société ? Quel rôle joue-t-elle dans la vie des individus ? Comment contribue-t-elle à un monde plus durable et solidaire ? Il s'agit d'une vision claire de son engagement à long terme, qui intègre des enjeux environnementaux, sociaux et économiques, et qui oriente ses stratégies en fonction de l'intérêt général. C'est l'entreprise au service du bien commun.

Une entreprise qui a une raison d'être s'interroge sur la manière dont elle peut générer des bénéfices tout en respectant des principes éthiques. Elle prend en compte les attentes de ses parties prenantes : salariés, clients, fournisseurs, communautés locales, et même la planète. Ces entreprises ont véritablement vocation à améliorer la société, à apporter des solutions aux grands défis contemporains, qu'il s'agisse de la transition écologique, de la lutte contre les inégalités ou de la promotion de l'innovation inclusive.

Ainsi, la raison d'être devient un phare pour les actions de l'entreprise. Elle permet de répondre à des questions essentielles : pourquoi existons-nous ? Quelles valeurs défendons-nous ? Comment nos produits et nos services peuvent-ils améliorer la vie des personnes et protéger l'environnement ? Elle devient un axe central de la stratégie, intégrant des objectifs sociétaux qui transcendent la simple logique financière.

Le rôle de la raison d'être dans la stratégie d'entreprise

Concrètement, une entreprise qui adopte une raison d'être repense son modèle économique et ses pratiques. Par exemple, au lieu de se focaliser sur la rentabilité à court terme, elle investit dans des projets à impact positif sur la société, prend des mesures concrètes pour réduire son empreinte carbone, soutient des causes sociales ou garantit des conditions de travail respectueuses des droits humains. Elle prend également en compte les besoins de ses collaborateurs, valorise leur bien-être, leur épanouissement et leur implication.

La raison d'être aide ainsi l'entreprise à se différencier sur le marché, plus seulement par ses produits ou services, mais également par ses engagements. Elle construit une relation de confiance avec ses parties prenantes, en montrant que son objectif est de se rendre utile à la société, de contribuer à la résilience collective. Ce modèle de gouvernance permet aux entreprises de répondre aux attentes des consommateurs et de la société, qui sont de plus en plus sensibles à la responsabilité sociétale des entreprises (RSE).

L'un des grands avantages d'adopter une raison d'être est qu'elle pousse les entreprises à intégrer des pratiques durables et éthiques dans tous les aspects de leur fonctionnement. Cela peut se traduire par des choix éclairés dans la sélection des matériaux, la gestion de la chaîne d'approvisionnement, l'implication des salariés dans des projets solidaires ou encore la répartition équitable des richesses créées.

Cela va bien au-delà de la simple conformité aux réglementations : c'est une démarche proactive, dans laquelle l'entreprise s'engage à créer de la valeur de manière responsable et en conscience des enjeux globaux.

Mais c'est une démarche parfois instrumentalisée *via* le *brand-washing*. Le concept est parfois critiqué, notamment dans le secteur privé, où certaines entreprises capitalistiques adoptent une raison d'être qui reste superficielle, un simple vernis d'engagement qui ne se traduit pas par des actions concrètes. Des entreprises comme Philip Morris par exemple ont défini une raison d'être, mais cette démarche semble davantage destinée à redorer leur image qu'à apporter des changements réels dans leurs pratiques commerciales. Dans ces cas, la raison d'être peut apparaître comme un slogan plutôt que comme un véritable engagement, d'autant qu'elle est définie par l'entreprise elle-même, sans mécanisme de contrôle extérieur.

Dans le secteur de l'économie sociale et solidaire, au contraire, la raison d'être est intrinsèque à la mission de l'entreprise. Les mutuelles, par exemple, ne peuvent adopter ce principe de manière superficielle, car elles sont fondées sur des valeurs d'équité, de solidarité et d'engagement social dès leur origine. Leur raison d'être est claire et incarnée dans leurs actions quotidiennes : elles n'ont pas d'objectif de profit pour des actionnaires, mais visent à répondre aux besoins de leurs adhérents de manière responsable et solidaire.

En résumé, la raison d'être est une véritable révolution culturelle et stratégique. Elle incarne la vision d'une entreprise qui place l'humain et la planète au cœur de son modèle, tout en restant performante économiquement. Ce principe s'inscrit dans une démarche à long terme, dans laquelle la quête du profit ne se fait pas au détriment du bien-être collectif, mais en l'intégrant pleinement.

Cette évolution n'est pas une tendance passagère, mais une nécessité pour faire face aux défis contemporains. Les entreprises qui se dotent d'une raison d'être sont celles qui se préparent à affronter les enjeux du futur et qui savent que le véritable succès réside dans l'équilibre entre performance économique, responsabilité sociale et respect de l'environnement. Elles sont les moteurs d'une nouvelle forme d'économie, plus juste, plus inclusive et plus durable.

Pour autant, si la raison d'être devient nécessaire aux entreprises, elle reste déclarative et, de fait, non contraignante.

Les entreprises à mission

Pour pallier cette carence, un statut a été créé : les entreprises à mission, qui se sont fédérées dans une communauté et ont mis en place des étapes de contrôle essentielles. Contrairement à la raison d'être, les entreprises à mission rendent des comptes à une instance nouvelle dans la gouvernance de l'entreprise : le comité de mission. Mais ces instances ont leurs limites : elles sont gérées par l'entreprise elle-même, souvent peu ou pas rémunérées, et là non plus, aucune sanction n'est prévue si l'entreprise ne tient pas ses engagements.

Pour autant, cela ne concerne pas les entreprises de l'économie sociale et solidaire ! Une mutuelle a par essence une mission, celle de protéger ses adhérents en santé et en prévoyance. Nous devons réinvestir nos profits pour nos adhérents. Nous n'avons aucun actionnaire. Nous sommes une économie, non délocalisable par nature – et ce que nous pourrions délocaliser, comme les centres d'appel, nous les maintenons en France. Nous stockons également nos données en France, contrairement à des start-up d'assurance santé qui le font à l'étranger. Nous nous préoccupons de notre responsabilité vis-à-vis de nos adhérents. Aucune entreprise à mission ou à raison d'être n'est obligée de faire cela. Nous le faisons. Je ne ressens donc pas le besoin de « vendre » notre engagement au grand public. Est-ce un tort ? Peut-être ! Nous pourrions être amenés à devenir une entreprise à mission, pour compenser les manquements de celles, moins vertueuses, qui ont caché leur manque d'engagement sous ce vernis. Je ne généralise pas, certaines le font avec sincérité et sans vision marketing. Mais je ne suis dupe de rien, pour certaines structures, déposer une raison d'être ou devenir entreprise à mission peut être une manière de mettre tout un comex sur le chemin de l'engagement, pour faire passer un cap. De nombreux dirigeants le font avec courage, sous le joug de leurs actionnaires. D'autres le font avec démagogie. Mais l'essentiel reste que les entreprises s'engagent !

L'engagement de l'entreprise : un critère de choix pour les jeunes générations

Toutes ces notions amènent les entreprises à se soucier des engagements sociaux (égalité femmes-hommes, bien-être au travail, emploi des jeunes, égalité des chances, etc.), des questions environnementales, de gouvernance, de durabilité ou d'impact. Elles relèvent du temps long, d'une projection sur l'avenir associant toutes les parties prenantes, les salariés comme les clients. Ceux-ci, par leur comportement et leurs attentes, poussent les entreprises à être plus vertueuses. La crise de la Covid a accéléré et amplifié une tendance dans notre société. Les confinements successifs ont généralisé le télétravail et posé plus clairement la question du sens au travail chez les plus jeunes notamment, pour qui la question environnementale est cruciale.

La deuxième édition de l'index RSE produite par le cabinet Universum en 2023 vient confirmer cette tendance. Les 1229 étudiants et jeunes diplômés de niveau bac + 5 interrogés ont pu s'exprimer sur les engagements RSE auxquels ils sont le plus sensibles avant de postuler, mais aussi sur leur propre rapport à l'engagement sociétal. Ils ont cité des entreprises qu'ils considèrent cohérentes avec leurs préoccupations. Or, sur les soixante citées, une seule fait partie de l'économie sociale et solidaire. Cela traduit deux choses : les entreprises de l'ESS ne sont ni reconnues ni connues pour ces engagements-là.

Il est pourtant une valeur commune à ces entreprises, c'est la démocratie. Bien que primordiale, elle ne fait pas partie de celles citées par les étudiants. C'est elle qui permet l'*empowerment* anglo-saxon ou la capacitation canadienne, c'est-à-dire la possibilité pour les salariés de décider et donc d'influer sur la destinée ou les choix d'une entreprise. Cela permet d'être acteur de son propre engagement et pas seulement consommateur d'un sens créé par l'entreprise seule. Ce sens doit aussi provenir des aspirations et de la volonté de celles et ceux qui la rejoignent. La démocratie est leur outil.

L'économie sociale et solidaire : la coopération avant la compétition

En tant que président de la MGEN, je peux témoigner que l'économie sociale et solidaire incarne des valeurs qui sont au cœur de notre modèle depuis sa création en 1947. La MGEN, comme de nombreuses autres structures mutualistes, repose sur des principes de solidarité, d'entraide et de partage, qui sont les piliers de l'ESS. Notre raison d'être a toujours été d'offrir une protection sociale équitable à nos adhérents, sans rechercher le profit, et en mettant l'humain au centre de nos préoccupations.

Dans l'ESS, il y a une formule usuelle disant : « statut n'est pas vertu. » J'ai la ferme conviction, au contraire, que les statuts de l'ESS créent effectivement de la vertu : ils ancrent dans la gouvernance même de ces entreprises des valeurs de démocratie, de responsabilité et d'engagement collectif. Dans notre modèle, chaque adhérent est à la fois acteur et bénéficiaire de la mutuelle. L'implication des sociétaires dans la gestion de notre organisation est un exemple concret de cette gouvernance participative. Le pouvoir n'est pas détenu par des actionnaires en quête de profits pour des intérêts privés, mais par des administrateurs élus par les adhérents, qui ont pour mission de défendre les intérêts collectifs. Ce mode de fonctionnement participe à la création de vertu, car il encourage une gestion transparente, responsable et orientée vers le bien-être collectif.

La solidarité entre les générations est au cœur de notre fonctionnement. En tant que mutuelle, nous avons un modèle fondé sur la réciprocité et la coopération entre nos membres, où chacun contribue selon ses moyens et reçoit selon ses besoins. Cette logique de solidarité est une clé de l'ESS. Nous, mutualistes, ne cherchons pas à maximiser le profit, mais à offrir des services accessibles à tous, en particulier aux plus vulnérables. Nous agissons dans une logique de partage des risques et des ressources, ce qui nous permet de garantir à chacun un accès équitable aux droits fondamentaux que sont la santé, la prévoyance ou la retraite.

Promouvoir l'ESS, c'est également promouvoir un modèle de société dont la compétition, telle qu'on la connaît dans le système capitaliste, n'est pas le moteur. Nous favorisons les dynamiques de coopération et d'entraide. Dans notre vision de l'économie, la poignée de main remplace la main tendue : il ne s'agit pas de recevoir un service ou un produit sans retour, mais de participer à un système où chacun contribue au bien-être de l'autre. C'est une économie de l'interdépendance, dans laquelle les individus sont liés par des valeurs de solidarité et de respect mutuel.

Pour promouvoir l'ESS, il est essentiel de la rendre visible et accessible à tous. Les entreprises qui s'en prévalent doivent rester des exemples de réussite dans leur capacité à allier performance économique et impact social positif. La mutualité, par exemple, peut jouer un rôle crucial dans la sensibilisation à ces valeurs, en mettant en lumière des initiatives qui prônent l'équité et la coopération. Il est également nécessaire de favoriser l'éducation à ces principes dès le plus jeune âge, en valorisant les modèles qui privilégient l'intérêt collectif à l'individualisme.

*

Jérôme Saddier, ancien président d'ESS France, est aujourd'hui à la tête du Crédit Coopératif. Il est une figure incontournable de l'ESS.

Jérôme Saddier, comment promouvoir l'ESS au sein de l'économie traditionnelle ?

« Il est grand temps de trouver les moyens d'assurer à la fois la promotion de l'ESS en tant que modèle entrepreneurial d'avenir fondé sur des valeurs en phase avec l'évolution de la société, et son intégration au champ économique global passant par la diffusion de ses principes de gestion et des alliances.

L'ESS est encore trop méconnue des acteurs du monde de l'économie "conventionnelle", même si quelques entreprises mutualistes ou coopératives sont des pionnières devenues des fleurons dans certains secteurs d'activité comme l'assurance, la banque ou la distribution commerciale. Sans doute que celles-ci sont en partie responsables de ce fait, masquant l'originalité de leur modèle et de leur histoire derrière leur réussite. Mais le patronat de l'économie conventionnelle s'obstine aussi à fermer les yeux devant l'évidente pertinence et la résilience de modèles collectifs qui ne sont pas fondés sur la lucrativité, et qui poursuivent depuis longtemps des objectifs sociaux clairement assumés.

Alors, pour que les deux mondes s'imbriquent plus fortement, il faudra des passerelles dans les domaines patronal et consulaire, de la formation et de la recherche, notamment en matière de sciences de gestion, des outils qui permettent la conversion ou la reprise d'entreprises conventionnelles en coopératives, des fonds d'investissement communs dans l'ESS, des alliances tournées vers l'innovation et le développement, mais aussi beaucoup de pédagogie, de respect et d'envie de compréhension mutuelle. »

*

L'ESS n'est pas un modèle utopique, c'est un modèle de résistance face à la logique capitaliste dominante. En tant qu'acteurs de l'ESS, nous devons être les ambassadeurs de cette vision alternative de l'économie, en montrant que la coopération et la solidarité peuvent être non seulement des valeurs, mais aussi des moteurs de croissance et de développement durable. La MGEN, à l'avant-garde de ces principes, œuvre pour une société plus juste, plus inclusive et plus responsable.

Les entreprises de l'économie sociale et solidaire représentent au moins 10 % du PIB de notre pays et emploient près de 2,4 millions de personnes en France.

Ce qui différencie une entreprise de l'ESS d'une entreprise capitalistique, c'est qu'elle est ancrée dans le territoire, avec une utilité sociale. Si ce qu'elle fait est important, sa manière de le faire l'est tout autant. Les entreprises de l'ESS ont des principes et des valeurs : un fonctionnement démocratique basé sur l'idée d'un homme/une voix. Elles sont non lucratives, ne rémunèrent pas d'actionnaires. Elles défendent la solidarité.

L'ESS a fait l'objet d'une résolution onusienne en décembre 2022, j'y étais, pourtant elle manque de reconnaissance. Elle est souvent perçue comme une économie de la réparation, et réputée pour œuvrer dans des branches qui ne sont pas considérées comme des secteurs de pointe. On ne fait pas décoller des avions, on ne construit pas des voitures.

Il existe une culture de la discrétion dans les entreprises de l'ESS.

Vous les connaissez forcément : MAIF, Crédit Mutuel (« la banque qui appartient à ses clients »), le groupe UP (anciennement Chèque déjeuner), le groupe associatif SOS, mais aussi les associations, les coopératives, les mutuelles, les fondations et les sociétés commerciales ESS, pour citer toutes les familles.

*

Éric Chenut préside la Fédération nationale de la Mutualité française. Il a une vision d'ensemble des problématiques du monde mutualiste. Ce syndicat défend ce modèle et ses intérêts.

Éric Chenut, comment expliquer les valeurs mutualistes ?

« La mutualité, composante consubstantielle de l'économie sociale et solidaire, permet à des femmes et des hommes, venus d'horizons d'engagement qui leur sont propres, d'échanger, de réfléchir et d'agir ensemble, par des moyens mis en commun pour se protéger mutuellement aujourd'hui, pour ensemble construire les solidarités de demain. Du fait de leur mode d'entreprendre participatif, les mutuelles ancrent leurs décisions dans les réalités économiques, sociales et territoriales, de celles et ceux qui y concourent, leur gouvernance démocratique devant arbitrer, dans un cadre non lucratif et dans le temps long, entre ce qui est souhaité, ce qui est souhaitable et ce qui est possible.

Agir en mutualiste, c'est privilégier le commun aux intérêts particuliers, c'est promouvoir la citoyenneté sociale pour conforter l'acceptation de la cotisation dans un équilibre subtil entre solidarité et responsabilité individuelle et collective. C'est prioriser ce qui rassemble à ce qui nous ressemble.

Faire mutualité, c'est porter un projet de société où chacun ose entreprendre pour soi et pour les autres, mener son projet de vie personnelle, familiale ou professionnelle, en femmes et hommes libres, sans craindre un aléa, un accident de la vie ou un pépin de santé ; c'est permettre à chacun d'aiguiser son libre arbitre ; c'est garantir à chaque personne la capacité de s'émanciper individuellement et collectivement.

En cela, les valeurs de la mutualité sont éminemment républicaines, humanistes et solidaires. »

*

Notre engagement concret pour la société

MGEN est une entreprise et un mouvement. Et en tant que mouvement social humaniste, la MGEN s'est toujours engagée pour la conquête de droits sociaux, la solidarité, et les droits des femmes (accouchement dit sans douleur, contraception, combat pour la légalisation de l'IVG). La MGEN a pris en charge des avortements alors qu'ils étaient illégaux. Dès 1975, elle les a remboursés à ses adhérentes, huit ans avant que la Sécurité sociale ne les prenne en charge. Depuis, elle a milité pour le mariage pour tous et pour la PMA. Aujourd'hui elle se mobilise pour une fin de vie libre et choisie en demandant l'évolution de la loi Claeys-Leonetti. Elle défend également le principe de laïcité dans l'école de la république. Cet activisme prend différentes formes, comme une alliance avec des organisations de la société civile pour faire valoir une parole collective au moment du vote des lois. Nous agissons sur le débat public, que ce soit par le biais de conférences ou d'actions de groupe.

Ces engagements sociétaux font de la MGEN une entreprise engagée dans la politique sociale depuis sa création. Elle rassemble des militants élus bénévoles qui font vivre ses valeurs et portent ses combats.

Un impératif : lutter contre les violences sexistes et sexuelles

J'évoquais plus haut la question des violences sexistes et sexuelles. Il est délicat, pour un homme dirigeant, de prendre la parole sur ce sujet alors qu'il n'en a très probablement jamais été victime. Pourtant, tout patron devrait s'engager personnellement ! Je crois que le dirigeant doit donner l'impulsion sur l'organisation de la lutte contre les violences sexistes et sexuelles (VSS). Si ce combat n'est pas porté au plus haut niveau, si on laisse uniquement les femmes de l'entreprise s'en emparer, alors cela donne l'impression que le sujet n'est pas une priorité de la direction. Si c'est juste le service « com » qui le porte – et il doit aussi le porter –, tout le monde ne se sentira pas concerné. On fera du « féminisme washing ». Si ce sont juste les RH qui le portent, vous aurez un dispositif administratif et procédurier. S'il est lui aussi nécessaire, il ne suffit pas. Il est impératif aujourd'hui que le sujet de la lutte contre les VSS soit porté au plus haut niveau de l'entreprise. Ce n'est pas négociable.

De la même manière, imaginer que son entreprise n'est pas concernée au motif qu'aucun cas n'est signalé serait une grave erreur. Il faut absolument créer des conditions propices à la parole et à l'écoute. Et ce n'est ni simple ni évident. Faire exister le sujet est important, le porter l'est tout autant, mais si vous ne mettez pas en œuvre des procédures claires et protectrices, cela ne marchera pas. Une bonne intention ne suffit pas mais elle est déjà un préalable.

Avec le directeur général, nous avons opté pour un principe de tolérance zéro : « Si ça se passe, on ne laissera pas passer. » Pour passer à l'action, nous avons réalisé un audit interne de la situation des violences sexistes et sexuelles dans l'entreprise. Cet outil permet de savoir où nous en sommes. Nous avons mis en place des campagnes de communication, signé des chartes comme « #StOpE » (stop au sexisme ordinaire en entreprise). Cela a permis de mieux prendre en charge certaines situations problématiques et de les gérer. Mais là aussi, les choses sont complexes.

J'ai la chance de vivre avec une féministe qui, pendant ses mandats de ministre, a créé plusieurs lois importantes contre les violences sexistes et sexuelles. Cela m'a poussé à m'interroger sur mon propre comportement. Le terme moqué – et en vogue – de « déconstruction » laisse croire qu'on se détruit soi-même. Je préfère parler d'interrogation, de remise en question. C'est une bonne chose que d'interroger son rapport au monde et aux autres, de penser l'altérité, quelle qu'elle soit, comme un enrichissement. Alors, je ne laisse rien passer face aux comportements sexistes. Dès lors que l'on s'intéresse à ces questions, on se rend compte à quel point notre société peut être patriarcale et à quel point les blagues ou les remarques sexistes sont encore légion. Rien de grave, me direz-vous ? Je pense que si, au contraire. Cela entretient des préjugés, des stigmatisations qui, même dépourvus d'hostilité, entretiennent des comportements sexistes. Certains ricanent à une blague déplacée, d'autres intériorisent un malaise, et l'on n'a pas toujours les bons outils, les bonnes réparties pour répondre. Je n'ai pas toujours bien réagi, il m'est arrivé de laisser passer des vannes sexistes dans le passé.

Avec cette récente prise de conscience, je regrette d'avoir parfois fait semblant de ne pas entendre certains propos inconvenants, alors qu'ils minent la confiance en soi des femmes au travail et sont inacceptables. Désormais, j'interviens immédiatement et je demande à chacune et chacun de le faire aussi. C'est ensemble que nous réussirons à transformer la culture d'entreprise et à bannir les rires gras sur la longueur des jupes des femmes.

Les inégalités entre les femmes et les hommes en entreprise se nourrissent de ces comportements, des plus anodins aux plus graves. Freins à la carrière, inégalités de salaires, présomption d'incompétence sont des sujets qui relèvent des violences sexistes et de la justice sociale. Et vous aurez beau communiquer sur vos sujets d'engagement pour la société, si vous ne vous mettez pas en ordre de marche en interne pour lutter contre ces injustices, vous entretenez un écart entre ce que vous revendiquez à l'extérieur et ce que vous laissez faire en interne.

Tous les patrons doivent réaliser que les violences sexistes et sexuelles sont corrélées à un défaut d'opportunités et de réussite sociale. On part d'une blague, on arrive à justifier par machisme un salaire moindre pour une salariée. C'est illégal et honteux ! Notons d'ailleurs que cela peut même venir de certaines femmes qui adoptent ces comportements machistes. La misogynie au travail ne se résume pas au harcèlement sexuel, c'est un ensemble de comportements, par exemple ne parler que de foot, glorifier la force physique, se moquer de celles qui mangent « des graines », faire des remarques sur le physique des femmes, parler des congés maternité comme de vacances, encourager la consommation d'alcool fort, évoquer publiquement la vie intime des uns et des autres, etc. Un ensemble de comportements du quotidien qui crée un terreau favorable à la violence sexiste et sexuelle. Nous devons bannir ces attitudes pour créer un environnement de travail juste, respectueux et équitable pour tous et pour toutes.

*

Directrice Diversités, équité et inclusion chez L'Oréal, Anne-Laure Thomas a créé la charte #StOpE contre les violences sexistes et sexuelles au travail.

Anne-Laure Thomas, pourquoi est-ce important que les plus hauts dirigeants de l'entreprise s'engagent contre les VSS ?

« Évidemment, nous devons toutes et tous ne rien lâcher sur le sujet, mais l'engagement au plus haut niveau est essentiel, notamment car il permet de montrer l'exemple. Cela envoie un message fort à l'ensemble de l'entreprise : la lutte contre les VSS est une priorité absolue, pour toutes et tous, y compris au sein des environnements de travail. Une prise de position claire et visible de la direction favorise la libération de la parole et permet à toutes et tous de savoir que, sur le sujet, il n'y a aucune tolérance à aucun niveau de la hiérarchie. Cela permet la création d'environnements de travail respectueux, dans lesquels les collaboratrices et collaborateurs se sentent en confiance pour signaler, soit en tant que victime, soit en tant que collègue témoin, les VSS. »

*

L'ESS entre défis, tensions et opportunités pour l'avenir

La grande famille de l'économie sociale et solidaire est une institution complexe. Les organisations qui la composent sont très diverses, avec des tailles, des modèles économiques et des ambitions variées. Cette diversité est une richesse mais peut aussi être source de tensions. Certaines structures, en se développant, prennent le risque de perdre leur âme, en s'éloignant des valeurs qui les ont fondées. D'autres sont confrontées à une financiarisation croissante qui peut altérer leur mission initiale.

Il est essentiel de rappeler que, l'ESS peut créer de la vertu, mais ne la garantit pas. Être une organisation de l'ESS ne signifie pas automatiquement agir en conformité avec ses principes fondateurs.

Les pressions sociétales, réglementaires et concurrentielles poussent parfois ces entreprises à des transformations difficiles, entre la crainte de se renier et le risque de rester figées dans des pratiques dépassées. Cette situation met en lumière une réalité : la famille de l'ESS, bien que fondamentale, n'est pas toujours unie ni suffisamment proactive. Elle peut sembler sur la défensive, tiraillée entre ses anciens modèles et la nécessité de s'ouvrir à de nouvelles formes d'engagement, comme celles incarnées par les entreprises à impact.

*

Ancien ministre délégué à l'Économie sociale et solidaire, Benoît Hamon dirige aujourd'hui l'ONG Singa. Il est également président de ESS France.

Benoît Hamon, est-ce que les statuts de l'ESS créent de la valeur par nature ?

« Si on s'attache, comme nous y invite le philosophe Patrick Viveret, à retrouver l'essence des mots dans leur origine, le mot "valeur" nous renvoie à la force de vie (*valor* en latin). Pris dans ce sens, les "statuts de l'ESS créent-ils de la valeur par nature ?".

La non-lucrativité détache les choix stratégiques de l'entreprise de l'intérêt financier individuel de son propriétaire. Dans l'ESS, par ses statuts, l'entreprise ou l'organisation sont la propriété de tous ou de personne. La richesse et le pouvoir sont partagés et gouvernés par la délibération collective et la démocratie. Ma réponse est donc oui, les statuts de l'ESS créent de la valeur car ils engendrent par nature la prise en compte et la responsabilité d'autrui. Les entreprises de l'ESS abritent une énergie démocratique unique dans l'économie. Elles constituent des anticorps puissants au désenchantement démocratique que nous observons dans la Cité. À travers leur tempérance et leur utilité sociale, elles réparent ou préviennent les désordres du monde qui les entoure. Je n'ai aucun doute donc sur le fait que, par nature, outre leur contribution à la richesse économique, les entreprises de l'ESS créent une valeur sociale et démocratique irremplaçable. »

*

Une citadelle assiégée ou un modèle en évolution ?

L'ESS est souvent perçue comme une citadelle assiégée. Les défis ne manquent pas : concurrence exacerbée qui casse les prix, perte de sens et d'engagement, montée en puissance d'une recherche effrénée du profit. Ce sentiment d'encerclement est renforcé par l'émergence de nouvelles formes d'entrepreneuriat, comme les start-up à impact. Portées par des entrepreneurs souhaitant agir pour une société plus juste ou plus respectueuse de l'environnement, elles revendiquent parfois une appartenance à l'ESS. Pourtant, elles ne répondent pas toujours aux critères définis par la loi ESS de 2014 (dite « Loi Hamon »), qui encadre les formes juridiques éligibles.

Cette situation crée des tensions. Les « modernes », souvent incarnés par les entreprises à impact, accusent parfois l'ESS historique d'être conservatrice, voire dépassée. À l'inverse, les acteurs traditionnels de l'ESS reprochent à ces entreprises de pratiquer un *social washing*, en revendiquant des valeurs qu'elles ne respecteraient pas pleinement. Mais ces confrontations sont contre-productives. La question n'est pas de savoir qui a raison, mais comment faire système ensemble, au-delà des statuts ou des clivages ? En restant campés sur nos positions, nous risquons d'exclure des acteurs innovants et d'affaiblir l'ESS elle-même. À force de défendre ses frontières, elle pourrait manquer l'occasion d'élargir son périmètre et son influence.

Une tradition d'innovation face aux crises

Pourtant, l'ESS n'a jamais été une simple « citadelle ». Historiquement, elle s'est toujours montrée innovante et résiliente face aux crises. Les mutuelles ont joué un rôle essentiel dans la protection sociale des Français, bien avant que l'État n'organise la Sécurité sociale. Elles ont été des pionnières, répondant à des besoins fondamentaux dans un contexte de vide institutionnel.

Cette capacité à innover et à répondre aux besoins de la société reste d'actualité. Il ne s'agit pas d'être simplement « à la mode », car la mode est éphémère. Être moderne, c'est savoir se réinventer en permanence pour répondre aux nouveaux défis sociaux et environnementaux. C'est cette modernité que l'ESS doit revendiquer. En se tournant vers l'avenir, elle peut continuer à être un lieu de débat, de coopération et de création du commun, tout en contribuant aux Objectifs de développement durable (ODD) de l'ONU.

Coopérer pour mieux répondre aux besoins de la société

Plutôt que de se diviser, l'ESS et les entreprises à impact ont tout intérêt à collaborer. Ce n'est pas seulement le statut qui compte, mais la capacité à promouvoir des valeurs communes et à soutenir une société qui en a grand besoin. Si nous nous enfermons dans des querelles internes, nous ne serons utiles à personne, même pas à nous-mêmes. Or, la vocation de l'ESS est bien plus grande : il s'agit de servir l'intérêt général, de porter des projets qui bénéficient à tous, sans distinction.

En conclusion, l'ESS a une responsabilité majeure : celle de montrer qu'elle reste un modèle pertinent et moderne, capable de s'adapter sans perdre son âme. Elle ne doit pas craindre l'ouverture, car c'est dans la coopération et l'innovation qu'elle trouvera les clés pour rester un moteur de progrès social et environnemental.

*

Médecin, expert de la Mutualité française dont il a été directeur général, compagnon de tous temps des structures de l'économie sociale et solidaire, Jean-Martin Cohen Solal s'est vu confier par le gouvernement une mission sur la levée des freins rencontrés par les mutuelles.

Jean-Martin Cohen Solal, comment faire pour que l'ESS ne se vive pas comme une citadelle assiégée ?

« L'économie sociale et solidaire est face à un paradoxe : ses valeurs sont résolument modernes et répondent aux aspirations de nos concitoyens (RSE, recherche de valeurs, d'engagement, de temps long, de partage, de profit limité, de sobriété) mais son image paraît un peu poussiéreuse, moins efficace, moins spontanément attirante que l'économie sous sa forme capitaliste.

L'ESS n'a pas de complexe à avoir avec les autres formes d'entrepreneuriat, elle doit assumer et revendiquer ses valeurs au lieu de, comme trop souvent, les masquer, presque s'en excuser. Elle se définit trop fréquemment par ce qu'elle n'est pas plutôt que par ce qu'elle est. Un exemple : "à but non lucratif" plutôt que "à but solidaire et social".

Il est paradoxal qu'au moment où beaucoup de Français demandent plus de démocratie et réclament des référendums, ils ne privilégient pas assez les formes d'entreprise dans lesquelles le client est également l'actionnaire, partie prenante aux décisions.

L'ESS ne doit pas considérer que statut fait vertu et doit prouver qu'elle respecte des valeurs dans la mise en œuvre de ses actions. Elle doit aussi se faire des alliés qui sont d'abord les citoyens par l'agilité, la proximité, le sens du temps long, de l'humain. Elle doit également s'allier aux représentants des citoyens, et notamment les syndicats, en menant des combats communs, en associant les compétences, les légitimités, tout en conservant son indépendance.

Il faut s'ouvrir aux plus jeunes pour leur montrer que, pour l'avenir de notre société et pour leur avenir propre, pour leur carrière professionnelle, il n'y a pas que le modèle capitaliste. Les jeunes sont aujourd'hui prêts à s'engager mais sur des missions à court terme avec un objectif précis et concret. Il faut donc que les entreprises de l'ESS les attirent en leur proposant des occasions de s'engager, pour qu'ils découvrent les possibilités et les richesses de cette autre forme d'entreprendre et leur donner envie de s'y consacrer. »

*

Les patrons, nouvelles incarnations de l'engagement

Les patrons, qu'ils relèvent de l'économie sociale et solidaire ou non, sont ainsi les nouveaux politiques. En toute logique, les entreprises devraient pourtant se contenter de parler économie, et les politiques de politique. Or c'est l'inverse qui se passe. Les politiques ambitionnent de jouer un rôle économique (du blocage des prix des produits de première nécessité au CICE) et de plus en plus, les entreprises parlent de la politique et la font.

Allons même plus loin : les entreprises sont mieux armées que les politiques pour faire appliquer leurs décisions. On voit avec quelle facilité les GAFAM agissent partout dans le monde, avec quelle pénibilité les politiques de tous les pays leur courent après et tentent désespérément de les réguler, en vain : lois, directives européennes, convocations devant le Parlement, etc. L'entreprise a le dernier mot car son champ d'action est global. La loi est nationale, supranationale au mieux, alors que le contrat est, lui, international, et n'a pratiquement pas de frontières.

L'entreprise est un ascenseur social plus efficace que la politique. Aujourd'hui, les patrons incarnent des trajectoires d'engagement bien plus diversifiées et plus accessibles que celles du monde politique. Les politiciens sont souvent issus des mêmes écoles, des mêmes quartiers et des mêmes milieux sociaux. Les ministres millionnaires avant même leur nomination en sont une illustration frappante. En revanche, l'entreprise, notamment dans son fonctionnement méritocratique, offre un terrain sur lequel chacun peut progresser en fonction de ses compétences et de son travail.

Prenons des exemples concrets : dans des entreprises comme Decathlon ou Picard, certains dirigeants ont commencé aux postes les plus modestes, comme vendeurs ou employés, pour finalement gravir les échelons et accéder à des postes de direction générale. Moi-même, à la tête d'une organisation de 10 000 salariés, j'ai commencé comme militant bénévole avant de prendre progressivement des responsabilités. Ces parcours montrent que l'entreprise s'autorise une diversité sociale bien plus marquée que dans les cercles politiques traditionnels.

D'ailleurs, quand les politiques cherchent à sortir de leur entre-soi, ils se tournent souvent vers le monde de l'entreprise, attirés par sa capacité à agir et à fédérer. Cette réalité souligne un paradoxe : alors que la diversité sociale semble aujourd'hui davantage le propre du monde économique, les politiques peinent à incarner cet idéal dans leurs rangs.

Les entreprises, instruments et actrices du changement sociétal

Le rôle des entreprises dépasse leur cadre interne : elles sont devenues des actrices essentielles de la société. Les pouvoirs publics eux-mêmes en ont pris conscience. Lorsqu'il s'agit de créer ou d'appliquer des politiques publiques, les entreprises sont mobilisées, que ce soit pour impulser des changements ou pour les financer. Prenons l'exemple de L'Oréal avec le « Parental act », qui a inspiré l'allongement du congé paternité, ou encore celui des initiatives de grandes fortunes pour soutenir des causes comme la reconstruction de Notre-Dame ou les Restos du Cœur.

Cependant, cette montée en puissance de l'action des entreprises pour des grandes causes pose plusieurs questions fondamentales :

- **Une question de sens** : pour quoi agissent-elles ? Sur quelles priorités se concentrent-elles ? Si chaque entreprise travaille sur un sujet spécifique, comme le climat, l'égalité des genres ou la santé, cela reste louable mais ne suffit pas à construire un projet de société cohérent. Cette fragmentation peut limiter l'efficacité collective.
- **Une question de démocratie** : qui décide des causes à soutenir ? Alors que les budgets

publics sont votés par des représentants élus, les décisions d'engagement des entreprises reposent sur des arbitrages internes, parfois peu transparents. Pour ma part, je m'interroge toujours sur la cohérence entre les engagements de mon entreprise et son histoire.

- **Une question de coordination** : comment se prémunir d'une situation confuse dans laquelle chaque organisation poursuivrait son propre « mini-projet politique » ? Si les entreprises ne travaillent pas ensemble, l'impact global reste limité.

Vers une collaboration éclairée entre entreprises et société

Le défi, donc, est de rassembler ces initiatives sous une bannière commune. Aujourd'hui, les efforts des entreprises engagées pour se fédérer ressemblent davantage à un patchwork de bonnes pratiques qu'à une véritable articulation stratégique. Pourtant, l'entreprise a un rôle crucial à jouer : elle est à la fois un levier d'action sociale, un pont entre les pouvoirs publics et les citoyens, et une entité capable d'innover face aux crises.

Pour autant, elle doit rester à sa place. Une entreprise n'est ni une démocratie ni une organisation politique. Son rôle est de compléter l'action publique, et non de la remplacer. Être patron aujourd'hui, ce n'est plus seulement diriger, mais aussi porter des responsabilités sociétales accrues. Il s'agit de s'adresser à plusieurs publics : aux citoyens, pour incarner des valeurs d'éthique et d'engagement, aux consommateurs, pour répondre à leurs attentes en matière de responsabilité, et aux pouvoirs publics, pour participer à la mise en œuvre des politiques publiques. Puisque les entreprises agissent publiquement, elles sont considérées comme des acteurs responsables et donc, redevables. « Quand on est visible, on est visé », dit l'adage.

Avec les réseaux sociaux, la marque, comme le dirigeant, s'expose plus. Les frontières sont abolies, le patron est responsable de tout. Si un agent de Disneyland interdit à une touriste d'allaiter en public, c'est le PDG qui est interpellé sur X (ex-Twitter) en permanence, même le dimanche.

L'entreprise est désormais incarnée non seulement par son logo, mais aussi par le visage de son dirigeant. Or, une mutuelle comme celle que je dirige prône les valeurs du collectif. Les « têtes qui dépassent », les individualismes encouragés par les nouveaux modèles sociétaux, ne correspondent pas à nos convictions ni à celles de l'ESS au sens large. Face aux défis actuels – réglementation plus contraignante, attentes sociétales et nouveaux cadres comme la RSE –, les patrons jouent un rôle central dans la transformation de la société.

Ils ne sont ni omnipotents ni omniscients, mais ils incarnent une figure moderne de l'engagement, capable d'agir là où les politiques montrent parfois leurs limites.

Un patron peut-il sauver le monde ?

Je me mets parfois à la place du téléspectateur qui regarde sur BFM TV un chef d'entreprise exposer ses engagements. Le perçoit-il comme un héros ? Se dit-il qu'il sauvera le monde ? La réponse est bien évidemment non. Mais ce n'est pas parce que l'on n'a pas vocation à sauver le monde que l'on n'a pas un rôle à jouer pour le rendre meilleur. Je disais précédemment que toutes les entreprises devaient se préoccuper chaque jour un peu plus des questions sociétales et environnementales. Dès lors, soit on se contente de le faire à minima pour ne pas léser son entreprise et éviter un risque en termes d'image, soit on s'engage et on fait de ces sujets de véritables marqueurs de l'entreprise. À la MGEN, cela a généré deux types de changement. En interne tout d'abord, la mobilisation autour de grands sujets sociaux ou sociétaux suscite de l'engagement de la part de toutes les parties prenantes de l'entreprise. On a évoqué les engagements sociaux, mais les dirigeants d'entreprises peuvent aussi devenir des leaders environnementaux. De nombreux dirigeants incarnent aujourd'hui un engagement environnemental profond, et transforment leurs entreprises en acteurs majeurs de la transition écologique. Ces figures de proue démontrent qu'il est possible d'allier performance économique et respect de la planète, tout en inspirant leurs équipes et leurs secteurs d'activité.

Emmanuel Faber, ancien PDG de Danone, est l'un de ces dirigeants visionnaires. Sous son mandat, il a inscrit la durabilité au cœur de la stratégie du groupe. Danone est ainsi devenue une entreprise à mission, intégrant dans ses statuts des engagements concrets en faveur de l'environnement. Emmanuel Faber a également conduit Danone à obtenir la certification B Corp, affirmant un modèle de gestion dans lequel les considérations sociales et environnementales importent autant que les profits. Son engagement s'est heurté à des résistances, mais il demeure une figure marquante de cette transformation écologique du monde de l'entreprise.

Yvon Chouinard, le fondateur de Patagonia, est un autre exemple emblématique. Depuis des décennies, il a fait de la protection de l'environnement une priorité absolue. Il a orienté son entreprise vers l'utilisation de matériaux recyclés et a encouragé des procédés respectueux de la planète bien avant que ces démarches ne deviennent des tendances. Récemment, il a marqué un tournant en transférant la propriété de son entreprise à un fonds dédié à la lutte contre le changement climatique. Ce geste radical témoigne d'un engagement sans compromis : pour Yvon Chouinard, l'entreprise n'est pas un outil d'enrichissement personnel, mais une arme au service de la planète.

Dans des secteurs moins évidents comme le luxe, des figures comme Antoine Arnault (LVMH) montrent qu'un engagement environnemental est aussi possible. Il a impulsé des mesures ambitieuses pour réduire les émissions de carbone du groupe et pour préserver la biodiversité, contribuant à inscrire la durabilité dans un domaine souvent perçu comme éloigné des préoccupations écologiques.

Barbara Lavernos, chez L'Oréal, incarne également ce leadership engagé. À travers le programme « L'Oréal for the Future », elle a piloté des initiatives audacieuses pour atteindre la neutralité carbone et adopter des pratiques durables dans toute la chaîne de production. Sous sa direction, L'Oréal devient un modèle d'entreprise transformée par une vision écologique ambitieuse.

Ces dirigeants, par leur détermination et leur vision, démontrent qu'un engagement environnemental sincère peut transformer des entreprises en acteurs essentiels de la transition écologique. Leur leadership n'est pas seulement une réponse aux attentes croissantes des consommateurs, mais une preuve que l'entreprise, lorsqu'elle se met au service de la planète, peut devenir un moteur de progrès collectif.

Savoir que l'on œuvre ensemble à un projet utile pour l'intérêt général procure certes de la satisfaction mais permet, à la plupart des personnes, de donner du sens à leur activité. Dans ce monde où, justement, on peine à trouver du sens, à faire résonner ses convictions et son activité professionnelle, ce changement revêt une importance capitale. Par ailleurs, la manière d'associer les acteurs de l'entreprise est elle aussi primordiale. Nous mobilisons partout sur le territoire presque 3 000 militants de la mutuelle et les salariés afin de partager collectivement les convictions que nous nous sommes forgées. Si parfois cela prend plus de temps que de prendre une décision en petit comité, notre démocratie interne en ressort renforcée et plus vivante. Je ne suis pas naïf, aucun système n'est parfait et l'on peut toujours faire mieux, mais dès lors qu'on en a conscience, on se met dans une dynamique d'amélioration permanente avec les parties prenantes.

Tout cela contribue à la construction d'une narration et d'une culture commune d'entreprise. Sentiment d'appartenance et fierté d'action sont des mots que l'on entend souvent dans nos échanges.

À l'externe ensuite, cela amène à communiquer sur nos actions. C'est un élément de différenciation important, notamment dans un contexte de concurrence accrue où toutes les entreprises cherchent à exister un peu plus et un peu différemment des autres. Cela permet en outre de favoriser les coopérations avec d'autres entités qui partagent les mêmes valeurs et les mêmes objectifs au sein de la famille de l'économie sociale et solidaire notamment. À une époque où la communication est tellement importante, on se doit d'informer sur nos réalisations.

Dans ce contexte, être un patron engagé signifie créer les conditions pour entretenir, voire renforcer, la vie militante au sein de l'entreprise. Poursuivre les engagements historiques de la mutuelle, en proposer de nouveaux, en phase avec les besoins de notre société. Cela revient aussi à s'exprimer en interne comme à l'externe mais j'y reviendrai.

L'urgence de lier performance économique et performance sociale

À mes yeux, l'économie n'est pas une fin en soi mais un levier. La performance économique nous permet de créer les conditions d'une performance sociale durable. Sans ressources, il est impossible de financer des projets qui transforment la société ou de garantir à nos adhérents et à nos salariés des conditions dignes, équitables, et respectueuses de leur bien-être. L'un ne va pas sans l'autre. À la MGEN, par exemple, nous devons gérer des contrats qui garantissent la santé de millions de personnes. Pour cela, il faut être compétitifs face à des acteurs privés tout en restant fidèles à nos valeurs mutualistes. Chaque euro économisé par une gestion rigoureuse ou investi dans des innovations responsables est un euro de plus pour la qualité des soins, la prévention, et les droits sociaux.

Il ne faut pas opposer ces deux performances, elles se nourrissent mutuellement. Quand nous investissons dans le bien-être de nos salariés, dans des pratiques managériales inclusives ou dans des projets environnementaux, cela renforce la motivation interne, l'attractivité de l'entreprise, et donc notre performance économique. Et inversement, en assurant une gestion saine et efficace, nous libérons des moyens pour mieux remplir notre mission d'intérêt général. La clé est de penser l'entreprise comme un organisme vivant, dont chaque partie – économique, sociale, écologique – joue un rôle essentiel dans l'équilibre global.

Ce qui distingue la MGEN, et plus largement l'économie sociale et solidaire, c'est que notre gouvernance est profondément démocratique. Et la démocratie est toujours une matière complexe, imparfaite par nature et essentielle par essence. Faire tenir ensemble les intérêts et les aspirations de millions d'adhérents et de milliers de salariés est une tâche colossale. Mais c'est précisément cette pluralité qui fait notre richesse.

Nous avons des instances démocratiques solides : des élus de terrain qui remontent les attentes des adhérents, des administrateurs engagés, des cadres qui traduisent ces orientations en actions concrètes. Cette démocratie interne fonctionne parce que nous avons des espaces de dialogue permanents. La consultation des adhérents sur nos offres, nos priorités et nos engagements est un pilier. Nos 10 000 salariés ne sont pas de simples exécutants, ils sont les acteurs opérationnels de nos ambitions, et leurs idées, leurs remontées du terrain, sont essentielles pour ajuster notre cap.

Le défi est aussi technologique. Avec des outils numériques adaptés, nous facilitons la participation, nous raccourcissons les délais de décision et nous faisons remonter en temps réel des avis, des idées. À l'ère du digital, on peut rendre une démocratie interne aussi réactive que pertinente.

Lorsque l'on génère un chiffre d'affaires aussi important, on a une responsabilité. À la MGEN, nous avons fait le choix d'aller de l'avant. Donc d'agir ! Ce que nous gagnons doit servir à créer du bien commun. Notre engagement dans de grandes causes, comme l'éducation et la santé, la transition écologique, ou encore la lutte contre les inégalités sociales, découle directement de cette vision.

Prenons l'exemple du mécénat. Chaque euro investi dans le soutien à des associations, des projets culturels ou des programmes de prévention est un prolongement de notre mission mutualiste. Mais il ne s'agit pas seulement de remplir des chèques. Nous collaborons activement avec les porteurs de projets pour maximiser l'impact de ces actions. Nous mettons à leur disposition notre réseau, nos expertises, nos plateformes de communication. Ce mécénat est une manière d'agir au-delà de nos services usuels.

La question fondamentale est de savoir comment gérer les priorités : notre mission première est de protéger nos adhérents. Mais cela ne peut se faire sans s'attaquer aux causes systémiques des problèmes que nous voulons résoudre, qu'il s'agisse de santé publique ou d'inégalités.

Comment diriger tout en gardant l'intérêt général comme objectif ?

Être patron dans l'économie sociale et solidaire est déjà un statut singulier. Cela implique une responsabilité particulière : nous ne sommes pas là pour servir une communauté. À la MGEN, mon rôle est d'incarner cette mission, de prendre des décisions stratégiques dans l'intérêt de nos adhérents et de nos salariés, tout en respectant nos valeurs.

Cela ne veut pas dire que nous sommes coupés des réalités économiques. Nous évoluons dans un marché concurrentiel, face à des acteurs qui n'ont ni les mêmes contraintes ni les mêmes ambitions. Pour maintenir notre modèle, il faut être lucide, ambitieux, et parfois audacieux. Mais jamais au prix de la trahison de nos principes.

C'est aussi une question de vision. Si nous nous contentons de vivre sur nos acquis, nous risquons de perdre notre pertinence. Mon rôle est de porter un cap clair, de montrer que l'entreprise peut être une force au service de l'intérêt général tout en restant économiquement viable. Cela suppose un équilibre délicat entre pragmatisme et idéal.

Être un patron guidé par l'intérêt général, c'est accepter de toujours se remettre en question : est-ce que cette décision sert notre mission ? Est-ce qu'elle respecte nos engagements ? Est-ce qu'elle est utile à la société ? Si nous ne nous posons pas ces questions, nous perdons ce qui fait notre singularité. Pour moi, c'est un devoir, mais c'est surtout une fierté.

*

Jean-Marc Borello est un grand patron emblématique de l'ESS. Pionnier de nos modèles entrepreneuriaux depuis des dizaines d'années, il doit gérer bien des complexités.

Jean-Marc Borello, est-ce que la performance sociale et le profit sont irréconciliables ?

« Il me semble que la performance sociale et la création de valeur sont intimement liées, à partir du moment où les richesses créées sont partagées de manière équitable. Le Groupe SOS, groupe associatif de 22 000 salariés, est un des exemples d'entreprise sociale qui allie innovation, création de richesses et partage de la valeur vers un objectif de cohésion sociale et de vivre ensemble.

Pour une entreprise de capitaux, la performance sociétale et la mesure de l'impact au-delà du réglementaire sont des moyens de fédérer des actionnaires soucieux de l'impact extrafinancier de leur investissement, des salariés en recherche de sens dans leur engagement professionnel, et des clients attentifs aux conséquences de leurs choix en tant que consommateurs.

La performance sociétale devient une condition de la performance économique durable. »

*

L'entreprise est le dernier lieu de l'altérité

L'entreprise est le lieu de la diversité : elle est le projet commun qui permet de rassembler et de lutter contre les assignations, de transcender les appartenances de chacune et de chacun pour se concentrer sur une feuille de route commune.

Si l'entreprise ne peut sauver le monde, elle peut en revanche contribuer à le « recoudre ». Au-delà des sujets d'impact liés à l'activité et aux réalisations sociales, sociétales ou encore environnementales, l'entreprise est le lieu qui aujourd'hui fait vivre l'altérité. Peu nombreux sont les lieux qui le permettent, pas même le monde associatif, dans la mesure où l'on décide de le rejoindre ou non, contrairement à son lieu de travail. J'évoquais plus tôt Jérôme Fourquet et son idée d'archipellisation de la société. Les citoyens se rassemblent autour de dénominateurs communs de plus en plus petits – la communauté, le quartier, l'appartenance religieuse, ethnique et même politique. Les antagonismes deviennent la relation par défaut entre toutes ces communautés. C'est l'avènement du « eux contre nous », qui fait glisser de plus en plus notre société vers la stigmatisation de celles et ceux qui ne pensent pas comme nous, interdisant tout dialogue et donc toute capacité à se comprendre et par conséquent à s'entendre.

L'entreprise est le lieu de l'altérité en cela qu'elle comporte en son sein toute la diversité de la société, qu'elle soit intergénérationnelle, sociale, culturelle ou géographique.

C'est le projet de l'entreprise qui rassemble là où le projet de société peine tant à le faire. Et je considère que le fonctionnement démocratique d'une entreprise mutualiste permet à cette diversité, véritable richesse de l'entreprise, de s'exprimer sur la manière de fonctionner, de décider et donc de faire.

Cette diversité étant acceptée et accueillie, l'entreprise devient alors capable de lutter contre les assignations que nous pouvons tous vivre, car les compétences et l'engagement priment autour du projet collectif. Ainsi l'origine sociale, religieuse ou culturelle ne doit plus être ce qui définit un individu au sein d'un groupe. Là non plus, je n'idéalise pas naïvement les choses. Comme toutes les entreprises, nous sommes traversés par les questions de racisme ou de violences sexistes et sexuelles.

Mais finalement, les mécanismes à l'œuvre dans ce rôle de l'entreprise devraient également s'exprimer au sein de l'école publique. Elle devrait aussi être un lieu où l'altérité se vit de manière apaisée, un espace de respiration laïque comme le définit Catherine Kintzler, qui permet aux élèves, le temps de la classe, de se libérer eux aussi de leurs assignations.

Chapitre 2

Diriger n'est pas jouer

Donner le cap, porter une vision, s'assurer qu'on a la capacité de la mettre en œuvre, assumer les décisions même quand elles sont difficiles : voilà les grands axes de l'idée de « diriger ». Ce mot « diriger » recouvre un nombre incalculable de réalités, pourtant tous les dirigeants sont confrontés aux mêmes défis. « La victoire a cent pères, la défaite est orpheline », disait J. F. Kennedy. Diriger, c'est accepter que toute défaite sera de votre responsabilité alors que toute victoire sera collective. Et cela même lorsque vous appartenez à une organisation où les décisions se prennent ensemble.

Présider n'est pas manager

Je n'ai fait aucune école de management, ni *business school* ni aucune de ces grandes écoles qui font office d'incubateurs de patrons pour la plupart des entreprises. Je ne suis pas certain que le leadership soit une capacité qui s'apprenne. Pour moi, c'est inspirer plus qu'ordonner, donner l'exemple, le sens, écouter mais sans laisser penser qu'on fera tout ce que les gens disent. C'est aussi jongler entre les attentes des gens, le contexte, les enjeux de l'entreprise, la vision stratégique. Le leader doit pouvoir dire : « Je donne envie de suivre, je suis sincère. » C'est le management par la sincérité, la transparence, la responsabilisation. Tout ceci, j'en ai bien conscience, ne fait pas une définition du leadership. Mais je suis persuadé que le président d'une entreprise ne doit pas manager comme un chef de service. Être leader, c'est respecter l'histoire de son entreprise et, en même temps, l'ancrer dans le présent et la penser dans le futur. Par exemple, la hiérarchie n'est plus la norme, le CDI n'est plus le graal, l'équilibre vie pro/vie perso devient essentiel, face à des gens plus épris de liberté.

Quelle est la place de la confiance dans la relation managériale ? Comment faire de l'entreprise un lieu apaisé quand on est un nouveau dirigeant disruptif ? Comment définir la limite entre bienveillance et complaisance ?

La frontière n'est pas toujours simple à poser. Et l'enjeu se résume fréquemment à la capacité à dire non. Trop souvent, on considère qu'être bienveillant, c'est accéder aux demandes des gens indépendamment de ce que l'on attend nous-mêmes ou des enjeux de l'entreprise. Ces comportements sont souvent mus par la peur de décevoir. Manager, décider, recadrer, requièrent de l'énergie, et personne n'a une passion dévorante pour les conflits avec son équipe sur des questions que l'on considère comme mineures au regard des responsabilités que l'on porte. Disons-le : parfois la bienveillance est l'autre nom de la fainéantise ou de la lâcheté. Quand, sous couvert de bienveillance, on laisse faire. Un manager qui n'a jamais dit à son équipe : « Ça, ça ne me convient pas » dans l'année écoulée doit s'interroger.

Ce défaut d'exigence peut amener à deux conséquences pour la personne en face. Soit elle estime que ce qu'elle fait ne compte pas, et cela génère de la démotivation, soit elle sera dans la toute-puissance et cela générera des déviances. C'est donc au manager de poser un cadre clair, sécurisant. Définir des attentes, c'est exprimer une exigence et donc une responsabilisation.

Déléguer et responsabiliser pour pouvoir diriger

Dans ma vision, un président d'entreprise n'a pas à tout savoir ni à tout faire. Une entreprise où tout remonte sans cesse au président est une entreprise dysfonctionnelle, dans laquelle les circuits de responsabilité sont flous et la confiance absente. Ce modèle centralisateur n'a plus sa place aujourd'hui. À mes yeux, la clé réside dans la responsabilisation de chacun, à tous les niveaux de l'organisation.

Historiquement, les entreprises ont souvent fonctionné sur un modèle paternaliste. Le dirigeant savait tout, décidait de tout, et les collaborateurs exécutaient. C'était l'époque où l'administration des ressources humaines se contentait de gérer des absences ou des embauches, sans réelle réflexion sur le potentiel humain. Puis est venu le temps de la gestion des ressources humaines (GRH), avec une approche plus stratégique. Aujourd'hui, nous devons aller encore plus loin, vers une gestion humaine des ressources humaines (GHRH) dans laquelle chaque individu est reconnu comme un acteur clé, autonome et responsable.

Je suis convaincu que la responsabilisation est la meilleure manière d'amener une entreprise à exceller. Prenons un exemple concret qui me tient particulièrement à cœur : nous avons récemment publié un livre sur la laïcité, une compilation des actes du colloque organisé par la MGEN sur ce sujet. L'idée de ce projet a émergé lors d'un échange avec ma compagne sur la laïcité, un principe que nous défendons tous les deux avec passion, chacun dans nos domaines de responsabilité. Mais une fois l'idée actée, je ne me suis pas emparé du projet pour le diriger dans ses moindres détails. J'ai fixé l'objectif : produire un ouvrage qui reflète nos valeurs et contribue au débat public. Ensuite, j'ai confié sa réalisation à une équipe compétente, en lui donnant toute latitude pour mener à bien sa mission. Ce mode de fonctionnement valorise son expertise, renforce son implication, et produit des résultats bien meilleurs que si j'avais tout contrôlé.

Cela demande aussi une certaine discipline, notamment dans la manière dont nous communiquons. Par exemple, je déteste qu'on me mette en copie d'un e-mail sans raison valable. Souvent, les gens le font pour se protéger, pour montrer qu'ils « couvrent leurs arrières », ou pour mettre la pression en insinuant « attention, le patron sait ». C'est une manière insidieuse de fuir sa responsabilité, et cela n'apporte rien de bon. Je préfère un management orienté vers les résultats, où chacun assume ses décisions.

Mais déléguer ne signifie pas s'effacer. Un dirigeant doit savoir s'entourer, non seulement pour faire confiance, mais aussi parce que ses équipes ont des compétences qu'il n'a pas. Reconnaître cela n'est pas une faiblesse, c'est une force. Être un bon président, ce n'est pas être omniscient, mais savoir composer avec des talents divers, et leur donner l'espace nécessaire pour s'exprimer.

Quant à la mode des entreprises libérées, je la regarde avec une certaine prudence. Elles partent souvent du postulat que le travail est une contrainte, un *tripalium* au sens étymologique, qu'il faut supprimer à tout prix. Ce n'est pas ma vision. Le travail peut et doit être un vecteur de réalisation personnelle et collective. Mais pour cela, il faut un cadre clair, des objectifs précis, et la possibilité pour chacun de s'approprier sa mission.

En résumé, mon rôle n'est pas de tout contrôler, mais de fixer le cap, de créer les conditions pour que les équipes puissent réussir, et de leur faire pleinement confiance. Une entreprise performante est une entreprise dans laquelle la responsabilisation et la collaboration sont au cœur de chaque action, et où les meilleures idées, comme ce livre sur la laïcité, naissent parfois d'inspirations extérieures, portées par les personnes qui nous entourent et qui nous challengent.

Le président doit être le garant de deux choses : ce qui rentre et ce qui sort. Ce qui rentre : sa vision, sa stratégie, ce qu'il impulse, la direction qu'il donne. Entre les deux : la manière dont ses équipes lui ont proposé de mettre en œuvre la vision. Ce qui sort : son arbitrage final.

Le président doit être décisionnaire du début et de la fin de tout processus. Comme un chef de chantier ou un capitaine de bateau, il donne au début sa direction – le cap pour le bateau, le plan des pièces pour le chef de chantier puis les équipes travaillent. Le capitaine n'ajuste pas la voile et le chef de chantier ne plante pas les clous. Les équipes s'en chargent. À la fin du process, le président valide ce qui lui a été présenté. Il réajuste ce qui n'est pas conforme à l'idée initiale et accepte éventuellement des propositions alternatives qui répondent mieux aux objectifs posés au départ. Voilà pour les principes. Pour la réalité, j'ai parfois envie de dire à mes équipes : c'est vous qui décidez de quel président vous voulez. Si vous m'obligez à tout micro-manager, vous aurez un président obnubilé par la liste des choses à faire dans les services. Or, si le président gère la *to-do list* du directeur adjoint aux choux farcis, alors qui va gérer la *to-do list* du président ? La meilleure chose à faire pour l'entreprise, c'est de permettre au président de présider, et que chacun fasse ce qu'il a à faire dans son périmètre. Ainsi, il pourrait se consacrer au sien.

Quand le travail n'est plus une priorité

Diriger, donc. Mais comment diriger des équipes qui ont une approche du rapport au travail différente de la mienne ? J'ai 51 ans. J'ai commencé à travailler avant Internet, avant les e-mails et le téléphone portable. À une époque où tout le monde arrivait à l'heure et prévenait quand il était absent. Les choses ont changé. Aujourd'hui, le télétravail est à la mode. Mais ce n'est pas parce que c'est à la mode que c'est un progrès.

Le télétravail est un formidable outil pour concilier vie professionnelle et vie personnelle, mais seulement s'il est organisé. Sinon, il devient une zone de flou, un laisser-aller, voire un laisser-faire, où ni l'entreprise ni le salarié ne se retrouve pleinement. Cette conviction repose sur des observations précises et sur une réflexion autour des mutations récentes dans notre rapport au travail.

Pendant la crise sanitaire, le télétravail a permis de maintenir une activité économique tout en garantissant une sécurité sanitaire. Mais il a aussi révélé ses limites. Selon une étude de l'ANACT (Agence nationale pour l'amélioration des conditions de travail), près de 41 % des télétravailleurs ont déclaré une augmentation de leur charge mentale en 2020. Ce chiffre s'explique en partie par une désorganisation généralisée : horaires flous, confusion entre vie privée et vie professionnelle, et sentiment d'isolement pour 32 % des salariés interrogés. Cela montre que le télétravail, mal encadré, peut rapidement se transformer en facteur de stress.

Prenons un exemple concret : il n'est pas rare de voir un télétravailleur jongler entre l'envoi d'un e-mail et le lancement d'une machine à laver. Le télétravail peut être perturbé par une succession d'interruptions qui font perdre de vue la productivité. Soyons honnêtes : tout le monde s'est déjà surpris à faire une pause un peu trop longue ou à déconnecter mentalement lors d'une visioconférence. Une étude menée par Microsoft en 2022 a révélé que 85 % des managers pensent que leurs équipes sont moins productives en distanciel, même si les salariés eux-mêmes estiment l'inverse. Cet écart de perception souligne le besoin d'un cadre clair et partagé.

Le législateur a d'ailleurs posé des règles précises. La loi stipule qu'un jour télétravaillé doit être considéré comme un jour travaillé à part entière. Cela implique des responsabilités pour le salarié, comme celle d'informer son employeur en cas de changement de lieu de travail. Ce n'est pas un simple détail juridique, mais un élément clé pour garantir la sécurité et le bon déroulement de l'activité. Si un salarié décide de travailler depuis une terrasse bruyante ou un lieu inadapté, cela peut nuire à la qualité de son travail, à sa santé mentale, et engager la responsabilité de l'entreprise.

Le télétravail soulève aussi des enjeux liés aux conditions de logement. Tous les logements ne sont pas adaptés pour devenir des lieux de travail. Une pièce dédiée, isolée, bien éclairée, n'est pas un luxe, mais une nécessité. Or une enquête de l'Insee indique que 10 % des Français vivent dans des logements surpeuplés. Pour ces salariés, le télétravail peut vite devenir un poison. Pendant le confinement, nous avons vu émerger cette réalité : des gens qui vivent dans des logements bruyants, pollués, parfois même violents, incompatibles avec une activité professionnelle. Loin d'être un remède universel, le télétravail peut exacerber les inégalités.

Il reflète une transformation plus profonde dans notre rapport au travail. Les salariés, notamment les jeunes générations, sont de plus en plus épris de liberté. Ils recherchent une flexibilité accrue, refusant les cadres rigides des contrats à durée indéterminée. Une enquête de 2023 d'OpinionWay montre que 58 % des jeunes de moins de 35 ans préfèrent la souplesse d'un contrat freelance ou d'un emploi à temps partiel. Pourtant, cette quête de liberté doit s'accompagner d'obligations claires.

En tant qu'employeurs, nous avons une responsabilité majeure : optimiser le télétravail, dans l'intérêt des salariés comme de l'entreprise. Cela passe par des règles claires, des outils adaptés, et une confiance réciproque. Le distanciel bien encadré peut être un levier puissant de productivité et d'attractivité ; mais, désorganisé, il est un terrain fertile pour la désillusion et l'inefficacité. Il nous revient de poser les cadres qui subliment cette liberté pour en faire un véritable moteur de performance collective.

Coach auprès des entreprises, Christine Mathis conseille des sociétés sur les enjeux d'accompagnement des équipes et de sentiment d'appartenance dans les organes de gouvernance.

*

Christine Mathis, comment créer un sentiment d'appartenance à l'heure du télétravail ?

« Le sentiment d'appartenance est alimenté par trois éléments : une vision partagée de l'entreprise (son identité, son histoire, la vision de la société qu'elle promeut), un projet d'action commune et une façon particulière de collaborer.

Il se crée quand les salariés sont à même de s'aligner avec ce que l'entreprise propose et de le décliner au quotidien dans leurs actions et dans leur façon de collaborer.

Le sentiment d'appartenance ne découle pas uniquement d'une culture et d'un projet communs, mais aussi d'une expérience vécue ensemble. C'est pourquoi le télétravail abîme le sentiment d'appartenance en isolant les individus. Les échanges digitalisés sont moins spontanés, ils sont contraints dans le temps et l'espace, sont conditionnés. Tout ce qui crée le ressenti du lien est atrophié.

Il va donc être nécessaire de veiller à rendre possible cette expérience vécue en conservant des moments en présentiel suffisamment importants et en portant une attention particulière à la façon dont les personnes collaborent.

En coconstruisant le projet d'entreprise, en veillant à l'appropriation des objectifs à tous les niveaux, en travaillant régulièrement sur les alignements des différentes fonctions et personnes sur les objectifs, on crée une dynamique collaborative qui soude les équipes et les fidélise. »

*

Siège versus terrain

C'est la sempiternelle question des entreprises qui ont une organisation territoriale. Quelle est la place du siège dans l'organisation ? Quel est le rôle du terrain ?

Pour le terrain, le siège est important, symboliquement et opérationnellement. La présence au siège est une forme de reconnaissance, on y croise les personnes qui œuvrent à la stratégie de l'entreprise, comme le président, le directeur général, etc. C'est toujours un moment particulier que de croiser les dirigeants de la mutuelle. C'est le lieu où l'on se rencontre pour des formations, des conférences ou des stages.

Le siège représente aussi l'entreprise dans l'espace public, il est une part de son image et de son identité. Sa localisation ne relève pas du hasard, elle est éloquente et porteuse de sens. La MGEN se situe au-dessus de la gare Montparnasse à Paris, au sein d'un quartier vivant et culturel, au cœur d'un nœud de transports qui en facilite l'accès. Montparnasse est au carrefour de quatre arrondissements, le 15e familial et résidentiel, le 14e plutôt bobo, le 7e très institutionnel avec ses ministères et le 6e historiquement l'arrondissement des intellectuels ; le siège représente la position de la MGEN au sein de la société. Notre mutuelle est propriétaire de ses locaux ; c'est tout à la fois un actif économique de l'entreprise et une partie symbolique et réelle de son patrimoine.

Sur le terrain, les agences et les espaces d'accueil incarnent l'entreprise partout sur le territoire. Ils sont l'interface entre l'entreprise et ses clients, la mutuelle, ses adhérents et ses militants. C'est le terrain qui met en œuvre les décisions de l'entreprise, qui réalise ses objectifs de développement, de service comme de proximité. Il est le pouls de la relation adhérent au-delà de tous les indicateurs de satisfaction.

Si aller au siège représente une forme de reconnaissance pour les acteurs de terrain, qu'ils soient militants ou salariés, le fait que les dirigeants du siège aillent à leur rencontre sur le terrain est aussi une forme de reconnaissance. Or le siège a plus de réticences à aller sur le terrain, par construction autant que par manque de conviction sur la nécessité de s'y plier.

Au siège, tout le monde est surbooké en permanence, mobilisé par les réunions, les instances, les groupes de travail et les projets. Dès lors, aller sur le terrain apparaît comme une contrainte supplémentaire. On y va quand on peut, et donc rarement, ce qui peut laisser croire à un manque d'intérêt, de reconnaissance et donc d'importance. Ce serait une erreur de stigmatiser les régions, et d'entretenir des antagonismes un peu faciles et tentants comme « eux et nous » ou de simplifier en citant les sachants et les exécutants.

On pourrait penser que le terrain est au service du siège pour mettre en œuvre la stratégie, mais c'est le contraire. Cette traduction concrète sur le terrain de la stratégie de l'entreprise représente une responsabilité importante. Le terrain n'est pas un mal nécessaire ni un attribut que l'on peut se permettre de sous-estimer. Il est au contraire un centre névralgique, l'interface entre la société et ses adhérents. Et à ce titre, pour optimiser son action, on doit lui accorder notre considération et les moyens d'agir.

Pourtant, les militants et les salariés sur le terrain témoignent d'inquiétudes quant à l'avenir dans cette période de profondes transformations. Ils ont le sentiment de manquer d'informations, de ne pas être associés à certaines décisions.

C'est pour moi le signe qu'il faut faire trois choses. Mieux organiser la communication avec le terrain en mettant en œuvre des outils adaptés. Partager les orientations stratégiques portées par le conseil d'administration à travers la parole du président et du DG. Clarifier ce que l'on attend des personnes sur les sujets de la mutuelle : soit contribuer à la réflexion, soit prendre ou mettre en œuvre une décision.

Au-delà du babyfoot, contre le *funwashing*

Un certain nombre d'entreprises perdent leur sens. La raison d'être remplace les valeurs. Elles n'arrivent plus à fédérer autour de projets communs. Dès lors, une solution s'impose à elles : organiser un séminaire ! Nombre de mes collègues dirigeants m'ont déjà dit qu'ils proposent un « temps convivial » avec leurs équipes quand la situation devient délétère. Mais je suis frappé par le fait que l'on remplace trop souvent le « sens » par le « fun » réel ou supposé. Car, en fait, avez-vous envie de faire un haka dans la boue, de la natation synchronisée, un saut en parachute ou une course en sac avec Gilbert de la compta et Jacqueline de la direction commerciale, plutôt qu'avec vos amis ? Et une fois que l'équipe rouge du 3e étage aura gagné la course en sac et que vous reviendrez au bureau le lendemain, aurez-vous réglé vos problèmes de cohésion d'équipe, de sens ou même de performance ?

Longtemps, je l'ai fait aussi. C'était un automatisme. Dans le passé, on a organisé des activités, personne ne protestait officiellement contre une journée de voyage commun, comme si nous étions une classe en voyage scolaire. Je me revois en train de passer du temps à me demander : quelle activité organiser ? Avant que je devienne président, l'usage était de proposer des activités sportives ou physiques. Or tout le monde n'était pas à l'aise, pour plein de raisons, avec le fait de devoir s'exposer de la sorte en plein effort, parfois en difficulté, devant ses pairs. Quand je suis devenu président, j'ai beaucoup réfléchi car je tenais à proposer une activité qui convienne à tous. J'ai voulu organiser un cours de cuisine collectif. Je trouvais que cela avait une vertu, celle de la coopération et de l'adjonction de compétences différentes au service d'un projet collectif, dans la convivialité. Cela me semblait être un bon compromis. Le cours de cuisine s'est d'ailleurs très bien passé. Mais certains, dans mes équipes, ont plaidé de bonne foi pour que l'on organise un atelier cocktail en plus de l'atelier cuisine : ils trouvaient que c'était plus festif. Petit à petit, ces ateliers de dégustation auraient pu s'imposer comme des activités incontournables, avec des clichés comme : si on déguste des boissons alcoolisées, l'ambiance sera plus festive. Mais je ne suis pas du tout convaincu que la convivialité ou la bonne ambiance passe par cela. J'ai donc cessé les activités autour de l'alcool. Lors de notre dernière AG, je m'honore d'avoir rayé d'un trait de plume la ligne *open bar*.

J'ai une conviction, et elle ne va pas dans le sens de ces activités. Mais il est parfois difficile de s'y tenir quand elle heurte la culture de l'entreprise. Alors que j'écris ces lignes, nous devons organiser un séminaire du CA à la fin de l'été. On me propose les activités habituelles : de la soirée dansante au nettoyage de la forêt avoisinante en passant par un escape game ! C'est un cas de conscience. Je pense que l'argent de l'entreprise, donc l'argent de nos adhérents, n'est pas fait pour payer des activités internes comme si nous étions au Club Med et que j'étais le gentil organisateur ou le moniteur de colo. Je me demande aussi quelle cohérence on peut espérer quand une journée commence par une réflexion sérieuse sur les appels d'offres et enchaîne quelques minutes plus tard sur un « Hé Martine, je t'ai touchée ! » au paintball. Chacun a-t-il seulement envie de cette activité, ou serre-t-il les dents pour ne pas déroger à la règle tacite ? Mais si j'annule l'activité traditionnelle, vais-je être moins aimé ? Car si tout dirigeant devrait uniquement se préoccuper d'être respecté, une part de moi a toujours envie d'être apprécié et refuse d'endosser le rôle du rabat-joie qui a demandé que l'on consacre plus de temps au passage en revue des résultats plutôt qu'au moment ludique.

J'ai donc annulé l'escape game. Je ne suis pas patron d'une salle de jeux. Est-ce que quelqu'un a râlé ? Absolument personne.

Prendre des risques

Si on a raison dans 100 % des cas, c'est que l'on n'a pris aucun risque. Mais prendre des risques, ce n'est pas jouer à pile ou face ou se montrer inconséquent. J'ai pleinement conscience de ma responsabilité, en termes de maintien des emplois et de la meilleure couverture santé pour nos adhérents. Dans ce contexte, quand le président prend un risque, il ne le prend pas pour lui seul mais pour des millions de personnes. Cela incite à l'humilité et à la prudence.

Prendre des risques, c'est aussi accepter de se tromper. Si le droit à l'erreur est une réalité, il n'autorise pas tout, tant les conséquences peuvent être colossales.

Les entreprises, françaises notamment, détestent le risque. On a la chance de vivre dans un pays où l'on est attaché à fournir une forme de sécurité dans la vie sociale de tous. Cela se ressent dans le monde économique, où l'on envisage chaque situation pour limiter les risques et on ne valorise pas assez la prise d'initiative. Même la création d'entreprise bénéficie de dispositifs limitant la prise de risque individuel, de l'ACCRE à la possibilité de déclarer vos biens propres incessibles. La réglementation oblige à tout scénariser, du plus attendu à l'improbable.

Aux États-Unis, et sans rien idéaliser, les choses sont très différentes ; on vante d'ailleurs souvent l'esprit d'entreprendre des Américains, leur capacité à prendre des risques. Une banqueroute d'entreprise ne vous interdit pas de devenir gérant d'une autre structure l'année suivante. Alors bien sûr, le modèle américain entraîne des difficultés matérielles et une spirale de paupérisation. Malgré tout, la défaite est considérée comme une expérience, donc la prise de risque encouragé.

On a tous connu l'affaire Enron, l'un des plus grands scandales financiers de l'histoire, avec la faillite de l'entreprise américaine éponyme en 2001 après des années de manipulations comptables. Enron, autrefois un géant de l'énergie, dissimulait ses dettes et gonflait artificiellement ses profits à travers des montages financiers complexes, avec la complicité d'auditeurs du cabinet Arthur Andersen. La révélation de ces fraudes a conduit à des pertes massives pour les actionnaires, à la disparition d'Arthur Andersen, et à des réformes profondes en matière de régulation financière, notamment la loi Sarbanes-Oxley, qui prône une limitation de la prise de risque sur l'autel de la spéculation. Le sujet est donc de trouver l'équilibre entre le corsetage et le grand n'importe quoi.

La prise de risque est donc un sujet de contrôle et par conséquent de gouvernance. En tant que patron, je prends des risques, mais je les mesure.

J'ai pris un risque en me présentant à la présidence de la mutuelle. J'ai pris un risque en changeant l'équipe du Bureau national à mon arrivée pour m'entourer des personnes que j'avais choisies. J'ai pris des risques en impulsant une stratégie de coopération alors que tout poussait à la concurrence. C'étaient des risques mesurés, certes, mais des risques tout de même car ils induisaient des ruptures avec l'histoire et le sacro-saint « On a toujours fait comme ça ».

Anticiper et projeter l'avenir, c'est penser aux choses auxquelles personne ne pense et cela demande d'une part d'être bien entouré et, d'autre part, d'y consacrer du temps. J'évoque à nouveau les partenariats tissés dans le cadre des appels d'offres santé dans la fonction publique, notre de cœur de métier. Nous nous organisons pour les remporter bien sûr, mais il faut toujours se ménager des options et des alternatives car, je le redis, prendre des risques, ce n'est pas jouer à pile ou face. Il faut se donner la capacité, quelle que soit la situation, de projeter son modèle économique.

On pourrait penser qu'il est plus facile de prendre des risques avec l'argent des autres qu'avec le sien. Or c'est l'inverse. Je ne risque pas mon argent, je risque l'argent de nos adhérents. Si nous plantons la boîte, je ne vais pas juste recevoir un appel de la banque pour négocier un découvert. Les 4 millions d'adhérents seront fondés à me demander des comptes.

L'erreur du leader peut parfois être de trop chercher à prendre le contrepied de ses prédécesseurs. J'ai vraiment dû me poser au début la question du sens de certaines de mes décisions. La rupture pour la rupture manque de pertinence. Certaines choses devaient évoluer, je l'ai fait. D'autres étaient à conserver. Et d'autres encore seront rétablies car elles s'avèrent pertinentes – le fameux droit à l'erreur. Et puis, si l'on est le successeur de quelqu'un, il ne faut pas oublier que l'on est aussi le prédécesseur d'un autre.

D'une manière générale, il y a des antagonismes entre la volonté du leader et la culture d'entreprise, entre l'envie de faire évoluer certaines choses et le besoin d'en conserver d'autres. Je ne suis que le huitième président d'une entreprise qui a 78 ans. Ça appelle à l'humilité. Et au droit à l'erreur, nul n'est parfait.

*

Patron emblématique s'il en est, à la tête d'une coopérative, Michel-Édouard Leclerc, ce dirigeant engagé depuis des décennies, concilie place dans le débat public et performance économique.

Michel-Édouard Leclerc, quelle est la place de la prise de risque dans le rôle d'un dirigeant ?

« La prise de risque fait partie de l'ADN de chaque entrepreneur. Il prend des risques tout au long de son parcours, du dépôt de ses statuts à l'éventuelle cessation d'activités, en passant par ses explorations de marchés, ses choix d'innovations, sa politique de recrutement, ou encore son positionnement marketing. Il le fait bien sûr avec des "soupapes de sécurité" indispensables : sa famille, son banquier, son conseil d'administration, etc.

Le Mouvement E. Leclerc, Édouard Leclerc, moi-même, avons pris des risques, et d'abord celui d'investir et de nous réaliser dans un métier, le commerce, qui a subi d'énormes mutations. Non seulement nous avons appris à nous moderniser, à survivre face à des rapports de force corporatistes très brutaux. Mais nous avons également essayé d'apporter une finalité plus sociale à nos engagements – peut-être plus politique, en combattant les monopoles et les rentes. Carburants, produits parapharmaceutiques, prix du livre, etc. S'opposer aux conservatismes et aux intérêts particuliers a forcément un coût, économique, politique, mais cela nous a permis de briser des tabous et d'ancrer dans le paysage la cause qui me semble noble, celle de la liberté d'entreprendre. Prendre un risque, ce n'est donc pas seulement réaliser un projet, c'est aussi savoir fédérer des collaborateurs et des partenaires à qui l'on propose de sortir de leur zone de confort. Les pionniers sont ceux qui ont osé. »

Chapitre 3

La course à la singularité : comment se différencier ?

Dans un monde de banalisation, l'assurance par exemple, comment se différencier ? Quel supplément d'âme peut-on apporter ?

S'engager ne suffit plus à se différencier

L'important n'est pas seulement ce qu'on fait, mais notre manière de le faire. L'assurance est un secteur ultra réglementé. Le principe même de notre secteur d'activité passe par des normes, nous ne sommes libres ni de nos tarifs ni de nos recrutements. Les réglementations sur les fonds propres par exemple obligent chacun à adopter des placements financiers similaires et amènent toutes les entreprises à trouver des réponses similaires dans ce cadre. De fait, c'est par les engagements sociétaux qu'une entreprise pourra se différencier.

À ce jour, nous n'avons pas entamé les démarches qui permettraient à la MGEN de devenir une entreprise à mission. Mais la question se pose à nous ; ce serait d'ailleurs la suite logique de la démarche déjà entreprise pour se doter d'une raison d'être. Les avis au sein de la mutuelle sont très divers. Certains considèrent que, finalement, on a toujours été une entreprise à mission, par histoire et par ADN. D'autres considèrent que notre raison d'être, inscrite dans nos statuts, se suffit à elle-même, d'autres encore considèrent la démarche comme fédératrice ou pensent que le statut d'entreprise à mission, permis par la loi Pacte, est une manière de faire des choses pour s'afficher plus vertueux qu'on ne l'est. C'est encore une fois la question de la sincérité et de l'intention qui se pose.

Si je partage les concepts de l'entreprise à mission, c'est qu'ils sont la nature même de la MGEN, nous n'avons pas attendu la loi Pacte pour les appliquer. La question mérite en tout cas d'être posée. Nous pouvons continuer sur notre lancée, au risque de nous marginaliser – ou de nous différencier, selon notre manière de voir les choses. Nous pouvons aussi nous lancer dans la démarche pour faire partie d'un mouvement plébiscité, visible et valorisé, qui prend de l'ampleur. J'ai fait le choix de reporter le débat.

Pourquoi ? Pour deux raisons principales. Tout d'abord, nous sommes au beau milieu de transformations internes cruciales pour l'avenir de la mutuelle et je ne souhaite pas disperser les énergies de l'entreprise. Ensuite, dès lors que l'on souhaite entreprendre une démarche telle que devenir une entreprise à mission, il faut consacrer du temps et des moyens. Autrement on se contente de cocher une case, on ne marque pas de points. Aujourd'hui notre priorité est notre adaptation à un nouveau contexte concurrentiel, mais demain, lorsque nous aurons pleinement pris la mesure de notre nouvelle réalité, nous nous reposerons la question et nous ouvrirons le débat.

Ce que la « raison d'être » a apporté à la MGEN

Sans chercher à devenir une entreprise à mission, nous pouvons déjà faire un arrêt sur image sur la raison d'être.

La raison d'être, finalement, c'est quoi ? Une phrase ou même un paragraphe qui résument l'ADN d'une entreprise. Nous nous sommes dotés d'une raison d'être. Et j'ai trouvé extrêmement intéressant le travail de réflexion et d'association de toutes les parties prenantes de l'entreprise autour de ce projet. Ce n'est pas un travail simple car, si l'on imagine que toutes et tous partagent un même regard sur la mutuelle et les mêmes orientations, il n'en est rien. C'est donc un véritable travail d'exégèse, de priorisation et de clarification sur notre essence même. La raison d'être n'est ni un slogan produit par des communicants ni un livre blanc dans lequel on doit tout faire figurer. Nous avons effectué ce travail. Notre raison d'être est en quelque sorte notre boussole pour bâtir notre projet stratégique. Je trouve important de faire de notre raison d'être notre raison d'agir. Mais finalement, se doter d'une raison d'être, devenir une entreprise à mission, dès lors que de nombreuses entreprises initient la démarche, revient à se mettre au niveau des autres et ne suffit plus à se différencier. Les raisons d'être de nombreuses entreprises se ressemblent, au point qu'il devient difficile de savoir à qui attribuer chacune.

« Agir chaque jour dans l'intérêt de nos clients et de la société » pour le Crédit Agricole ou encore « Nous sommes là pour permettre au plus grand nombre de construire leur vie en confiance » pour Groupama.

Transformer mes concurrents en partenaires

Je préside une entreprise mutualiste. Je pourrais résumer à l'extrême le mutualisme à cette phrase : « Faire à plusieurs ce que seuls nous ne pourrions faire. » Ce mécanisme en apparence simple est en réalité puissant. Il valorise la coopération avant la compétition. C'est ce que des femmes et des hommes ont fait à l'origine pour créer les mutuelles de fonctionnaires, pour se protéger mutuellement face aux aléas de la vie, dans une logique solidaire et selon des principes démocratiques. Ce qui est vrai pour les personnes l'est tout autant à l'échelle des organisations. Ce concept m'a amené à imaginer que, dans un marché ultra concurrentiel de l'assurance santé, nouer des partenariats avec nos potentiels concurrents issus de l'écosystème mutualiste était une idée pertinente. Se concurrencer revient à s'affaiblir et à affaiblir le modèle mutualiste que nous défendons tous. Coopérer n'est pas une pratique si courante dans un monde où, jusque-là, chacun vivait sa vie dans son écosystème, seul face à la concurrence grandissante des assureurs privés lucratifs. C'est aujourd'hui le cas avec les assurtech et les banques-assurances.

*

Louis Dominici est le président de la Mutuelle des Affaires étrangères et européennes.

Louis Dominici, *pourquoi est-il important que des mutuelles s'allient pour répondre aux appels d'offres de la Protection sociale complémentaire ?*

« Les alliances de mutuelles pour répondre aux appels d'offres prescrits par l'ordonnance réformant la Protection sociale complémentaire sont importantes à tous égards, pour des millions de mutualistes comme pour la société française : elles ont une utilité opérationnelle et elles ont un sens moral et politique.

Sur le plan opérationnel, les petites et moyennes mutuelles trouvent dans ces alliances entre elles et avec plus grandes qu'elles des moyens de répondre plus aisément aux exigences nouvelles, et parfois excessives, des appels d'offres ministériels sur la capacité de gestion des prestations et cotisations, ainsi que sur les coûts et sur la surface financière des organismes candidats. Les grandes mutuelles apportent dans ce sens une coopération d'esprit mutualiste qui, loin de mettre en question l'identité des mutuelles bénéficiaires, facilite la préservation de la personnalité de chacune d'entre elles et le maintien de la spécificité de leurs relations avec leurs adhérents respectifs. Le dialogue qui se développe ainsi directement entre les mutuelles enrichit le savoir et les pratiques des unes et des autres.

Sur le plan moral et politique, les alliances des mutuelles s'inscrivent dans la continuité du grand élan social qui, au lendemain de la Libération, a donné lieu à la constitution des mutuelles historiques, créées et gérées dans chaque ministère par et pour les agents. En passant aujourd'hui ces alliances, les mutuelles témoignent à voix haute de la communauté de pensée et d'idéal des agents de la fonction publique, tant dans leur mission de service public que dans leur attachement à l'entraide mutualiste pour leur protection sociale complémentaire. Engagement personnel et attention fraternelle sont les maîtres-mots d'une solidarité irremplaçable parce que d'abord humaine. Comment pourrait-il en être autrement, alors que seules les mutuelles sont des unions de personnes physiques qui se rassemblent sans but lucratif pour s'assurer réciproquement contre la maladie et les accidents de la vie, ainsi que dans la maternité ?

Dans ce contexte, les offres formulées par de vraies mutuelles et a fortiori par des alliances de mutuelles, ne peuvent être que les plus justes dans tous leurs aspects et par là même les meilleures. »

*

J'ai pris contact avec chaque président et présidente des différentes mutuelles de fonctionnaires pour leur proposer de faire des réponses communes aux appels d'offres lancés par les employeurs publics pour sélectionner les opérateurs qui couvriront en santé ou prévoyance les agents du service public. Dès lors que la concurrence se met en place, vous devez déterminer deux choses : comment défendre le marché sur lequel vous êtes positionné et comment vous développer sur d'autres marchés pour vous diversifier et réduire la dépendance à un seul marché dont l'issue est incertaine. Je préfère avoir 80 % de chance de gagner 40 % du marché en m'alliant à d'autres que 10 % de chances d'en avoir la totalité en y allant seul.

La coopération est un sport de combat. Tout le monde n'accueille pas ce discours avec enthousiasme. Certes, il est contre-intuitif de se dire que nous allons faire une réponse commune aux appels d'offres avec ceux que nous « affrontions » encore quelques semaines plus tôt. Je pense en particulier à une mutuelle, appelons-la « Mutuelle A », avec laquelle nous avions une longue histoire de relations de type « je t'aime moi non plus », faite de brouilles, d'antagonismes, de séparation d'un groupe commun avec perte et fracas, et d'espoirs communs déçus les 15 dernières années. Nous n'avions plus aucun contact, chacun ayant hérité de cette fâcherie depuis des années. À la suite de l'élection de nouveaux présidents chez eux et chez nous, j'ai initié un nouveau rendez-vous pour partager nos enjeux communs. Autour d'un déjeuner, dans nos locaux à la MGEN, j'ai dit au nouveau président : « Le rétroviseur est toujours plus petit que le parebrise et aucun de nous n'est tenu par le passé, nous sommes en revanche comptables de l'avenir. » Évidemment, il n'a pas signé au moment du dessert. On ne revient pas comme ça sur une histoire d'antagonismes aussi ancrée. Il m'a alors proposé, pour convaincre sa gouvernance, d'intervenir devant son conseil d'administration. Avec mon DG, nous y sommes allés. Cela a duré trois heures, dont une heure et demie dédiée uniquement à solder l'histoire passée, à entendre les reproches justifiés ou non, les amertumes. Puis nous avons fait valoir notre lecture de la situation et nos positions. Cela nous a permis d'aborder les enjeux, le contexte et l'avenir. Conclusion : nous répondrons ensemble aux prochains appels d'offres !

Ma ligne est de ne jamais imposer aux autres quelque chose que je refuserais qu'on m'impose, mais de respecter la culture de chaque entité et ses lignes rouges. J'ai aussi les miennes. Tout le monde n'est pas mon partenaire potentiel. Par exemple, nouer des partenariats ESS/monde assurantiel traditionnel n'est pas dans ma vision des choses. Le marché devient de plus en plus concurrentiel, et fragilise les petites mutuelles. La disparition des plus faibles créera un précédent pour toutes les autres dans le monde mutualiste, qu'elles soient grandes ou petites. Je ne parle pas de nulle part, je préside une mutuelle de fonctionnaires et je me sens donc aussi responsable de toutes les petites mutuelles de fonctionnaires extérieures à la MGEN qui n'ont pas comme nous la capacité de se transformer ou d'investir. Si l'on pense que notre modèle mutualiste est vertueux, nous devons le défendre, ensemble, partout où c'est possible.

Une incarnation singulière

Qui incarne l'entreprise ? Le logo, la marque, l'histoire, les salariés, les réseaux sociaux, les clients, les publicités, le nom, le siège social, le président ?

Habituellement, dans les mutuelles, le président est discret. Vous ne pouvez citer aucun nom de mes prédécesseurs – à moins d'en être un vous-même, ou bien d'être un adhérent qui lit les publications de la mutuelle. À notre époque, les personnes doivent pouvoir s'identifier à l'entreprise. Elle doit avoir un nom et un visage. Le président dirige et incarne l'entreprise, elle doit avoir un pouvoir d'évocation. Il y a beaucoup d'irrationnel dans la manière dont les gens perçoivent l'incarnation de l'entreprise. Souvent elle est associée à tort ou à raison à certaines valeurs, à des émotions. « MAIF l'assureur militant. » « Decathlon entreprise préférée des Français. » Les entreprises qui ont convaincu le grand public de leur engagement ne sont pas seulement celles qui ont eu une stratégie efficace de *wording*, mais celles qui ont aussi été puissamment incarnées : Danone, Leclerc, etc. Quand une personne en chair et en os peut se rendre sur un plateau de télévision pour incarner l'entreprise et la faire rayonner, l'image est renforcée par rapport à d'autres entreprises qui n'ont pas de « porte-parole ». Mais cette incarnation montre ses limites. Le dirigeant de Danone a été rattrapé par ses actionnaires. Le second agace parfois par son omniprésence et son habitude de donner son avis sur tout. L'incarnation, oui, mais si elle reste mesurée – au risque de lasser les actionnaires, les médias, les consommateurs, etc.

Les structures de l'ESS ont toujours eu une culture de la discrétion et de la pudeur, alors elles ont du mal à accepter l'idée simple de communiquer ! Notre base militante a parfois le sentiment que c'est l'argent des adhérents et qu'il ne faut pas le perdre à communiquer. Un dirigeant qui s'expose est souvent soupçonné de favoriser son intérêt personnel plus que le collectif, au motif que l'ESS est un milieu dans lequel on est supposé agir dans un état d'esprit désintéressé, quasi sacrificiel, sur l'autel de la bonne cause. Mais on n'est pas en guerre et personne ne devrait avoir à se sacrifier sur l'autel de la cause.

Dans une entreprise comme la MGEN, le collectif prime et le « nous » s'exprime. Mais quand je suis amené à prendre la parole, je dis « je ». Pour certains anciens, c'est comme si le « je » se faisait contre le « nous ». Cela peut signifier que le « je » veut s'affranchir, s'émanciper du « nous », être plus visible que lui. Chaque fois que le dirigeant dit « je », il semble nier le collectif et s'asseoir sur les délibérations démocratiques. Pourtant, le « je » est nécessaire ! Le dirigeant ne peut pas être seulement l'animateur des décisions collectives. Il dirige aussi, seul parfois. Tout ne peut pas toujours se faire dans le consensus et avec l'assentiment de tous. Être responsable, c'est décider, savoir ce qui doit être mis à la décision collective. Tous les jours, avec mon DG, on gère des problèmes dont personne n'aura jamais connaissance, et on engage chaque fois notre responsabilité.

Pour incarner le président de la MGEN, il faut se l'autoriser. Quand une expression comme « la MGEN... », « Notre entreprise... », trop générale et institutionnelle, et désincarnée, elle affaiblit le propos. J'ai pris conscience qu'une entreprise comme la MGEN, c'est un logo, une histoire, des valeurs, des personnes. Et parmi ces personnes, il y en a une qui porte une grande responsabilité. Et c'est important aussi pour l'interne que le président de la mutuelle s'exprime. Sous réserve de ne pas dire de conneries, la visibilité de la personne que l'on a élue valorise l'entreprise et renforce un sentiment de fierté. À titre personnel, j'aime incarner l'entreprise, passer de « la MGEN pense que… » à « Matthias Savignac pense que… » Je ne suis là ni pour réciter un laïus ni pour déclamer des projets, mais pour porter des engagements et des convictions. Je le fais comme je suis, avec mes mots, mon accent du Sud-Ouest, mes expressions. Et je crois que quand on le fait avec sincérité, on le fait bien.

Quand je dis que le président doit être garant de ce qui rentre et de ce qui sort, j'accepte l'idée que mes intuitions personnelles ou mes idées propres deviennent celles de la MGEN, collectives, car je porte l'entreprise dans ce qu'elle traverse : par exemple, lorsque j'ai décidé d'engager la mutuelle sur le sujet de la laïcité, la stratégie climat, la fin de vie, la protection des femmes face aux violences sexistes et sexuelles, etc. Je suis aussi élu et donc payé pour avoir des intuitions, des idées, pour les tester et les mettre en œuvre.

Cette exposition médiatique revêt un caractère professionnel, mais parfois elle peut prendre une tournure toute personnelle. J'ai vécu quelque chose d'un peu exceptionnel et rare : je suis tombé amoureux – ça, heureusement, ce n'est pas rare. Mais je suis tombé amoureux d'une ministre en exercice, médiatique, qui plus est, en charge de mon écosystème : l'économie sociale et solidaire. Et c'est fou de voir à quel point la médiatisation comprime le temps. Là où certains auraient eu des mois devant eux pour faire grandir une relation sans peur de l'exposition ou de la photo volée, nous avons dû, dans un temps très court, valider que notre histoire avait un avenir, nous organiser pour faire le moins de dégâts possible autour de nous, et réfléchir à la manière dont on allait faire exister notre relation dans la sphère publique. Nous n'avons eu que deux mois depuis notre première rencontre.

Ce n'est pas simple non plus pour les gens qui n'y sont pas habitués. Mais quand on est président d'une mutuelle qui cultive discrétion, humilité et pudeur, l'exposition médiatique dans des journaux comme *Paris Match* bouscule et interpelle. C'est comme si, au sein d'une mutuelle qui ne gère que des sujets sérieux, on devenait subitement léger parce que notre silhouette était en photo dans un magazine. Le procès en inconséquence n'est pas loin. À cela, je réponds que oui, je suis président de la mutuelle et que, jamais dans mes propos, je n'ai dit quoi que ce soit qui pouvait abîmer, fragiliser ou choquer au regard de ma responsabilité. Mais j'ai dû apprendre que lorsque l'on est exposé médiatiquement, la vie privée ne l'est plus, ou pas de la même manière.

Je mets un point d'honneur à faire la distinction ; à dire qui parle, si c'est Matthias, l'homme privé mais exposé, ou si c'est le président de la MGEN. Un exemple récent : nous avons fait des photos pour *Gala*. Je les assume avec plaisir en tant que compagnon de Marlène, mais je demande explicitement que nulle part la marque MGEN ne soit citée. Inversement, quand je parle dans *Les Échos* de mon activité militante, je n'évoque pas ma vie privée. J'ai appris à naviguer dans cette complexité et compris qu'il faut savoir donner un peu pour éviter qu'on nous prenne beaucoup. Accepter une exposition maîtrisée, plutôt qu'une surexposition subie.

*

Communicant auprès de dirigeants, Emery Doligé gère aussi leur stratégie de relations presse.

Emery Doligé, dans quelles circonstances *Paris Match* est-il un passage obligé pour un dirigeant ?

« *Paris Match*, c'est un peu le tableau d'honneur, une reconnaissance populaire mais aussi des élites, même si elles prétendent ne le lire que dans la salle d'attente de leur médecin. Être dans *Paris Match* – magazine patrimonial et leader en France – c'est inscrire dans l'Histoire des Français ses idées, son entreprise ainsi que l'importance et la pertinence de son action. C'est une manière de combiner visibilité médiatique et stratégie de communication globale. Les circonstances pour un dirigeant de passer dans *Paris Match* sont donc multiples et soumises – bien sûr et heureusement – à la validation de ses journalistes. »

Chapitre 4

[illegible]

[illegible]

Chapitre 4

Le vote, prétexte démocratique ?

Dans une entreprise démocratique, la gouvernance repose sur des principes clairs et partagés : qui décide, quand, où, et à propos de quoi ? Ces règles sont établies par un véritable contrat social entre les parties prenantes, définissant les rôles et les responsabilités de chacun. Mais consulter ne signifie pas que tout le monde décide de tout : il faut articuler consensus et consentement. À la MGEN, chaque décision engage profondément et nécessite une organisation démocratique rigoureuse. Depuis mon élection à la présidence, nous avons renforcé ce fonctionnement : chaque conseil d'administration et chaque assemblée générale donne lieu à un vote, assurant la légitimité des décisions prises. Cependant, trop de démocratie peut nuire à son efficacité. La clé réside dans l'équilibre : déléguer avec confiance, tout en assumant les responsabilités propres au dirigeant, sans se dérober à la nécessité d'une vision collective et partagée.

L'entreprise mutualiste, vrai lieu de démocratie

La démocratie est attaquée, galvaudée, elle perd en crédibilité. Les citoyens vont de moins en moins voter, personne, ou presque, ne pense plus que les programmes électoraux seront respectés, la défiance est à son paroxysme. Pléthore de Français estiment même « voter pour rien », ou que leur vote ne sera pas suivi de conséquences. La plupart des partis politiques eux-mêmes ont perdu l'habitude du vote. De Renaissance à LFI en passant par le RN, les investitures des candidats se font verticalement, du siège vers les territoires, et sans plus aucun vote. Un militant de parti politique n'est que rarement amené à voter en interne finalement. Un administrateur MGEN est amené à voter plus souvent qu'un cadre de n'importe quel parti politique.

Dans le monde mutualiste est tout le contraire d'un parti politique. Nous votons sur les grandes orientations stratégiques, sur nos engagements, sur la stratégie d'investissement, etc. Je suis fondé à prendre des décisions en tant que président, mais nos statuts prévoient que nos votes sont obligatoires. Dès lors, par exemple, que nous engagions financièrement ou stratégiquement l'entreprise, nous passons par un vote. Les indemnités des élus, les projets de l'année, les contrats, les cotisations, tout est soumis au vote. Certaines décisions sont votées en CA par délégation de l'AG, d'autres sont proposées par le CA et soumises au vote de l'AG annuelle.

Le temps démocratique n'est pas le temps de l'immédiateté, c'est celui de la construction. Tout se passe entre deux AG. Les décisions se prennent par itération entre niveau national, CA et élus de terrain. Tout au long de l'année, des consultations ont lieu pour bâtir des décisions. Parfois, cela prend plus de temps que dans une entreprise capitalistique mais nos décisions sont solides et partagées par tous. La voix de chacun trouve sa place. Chacun peut faire valoir sa conviction sur quelque sujet que ce soit. Comme dans toute organisation démocratique, la majorité l'emporte. C'est une vraie démocratie : majorité vaut pour tous.

Il y a encore quelques années, les votes passaient à 98 % et certains nous qualifiaient de chambre d'enregistrement. C'est moins le cas aujourd'hui car de nombreuses décisions que nous devons prendre peuvent bousculer notre histoire ou certaines de nos convictions. Les transformations importantes auxquelles nous devons faire face amènent à une diversité des points de vue. J'ai décidé de laisser toutes les personnes « contre » s'exprimer aussi longtemps que nécessaire. Je suis attaché au respect de la diversité des avis. À titre personnel, je ne me contente pas d'une décision prise à 51 % par exemple, aussi légitime soit-elle du point de vue réglementaire. Je ne m'en satisferais pas et je remettrais alors l'ouvrage sur le métier pour que chacun soit convaincu et porte la décision.

C'est le modèle de l'économie sociale et solidaire. Pour autant, je ne crois pas qu'il faille imposer ce modèle à toute entreprise ni qu'il soit transposable partout. Un secteur public ou une entreprise capitalistique ne peut pas faire tout voter, le modèle n'est pas le même, ils n'ont pas de militants pour faire vivre ces principes démocratiques.

Il existe plusieurs types d'activités économiques. Ma conviction est que, pour celles qui recouvrent le « tout ce dont on a besoin » (santé, éducation, alimentation, services, etc.), les principes démocratiques devraient s'appliquer. En ce qui concerne « tout ce dont on a envie », la question se pose différemment. Non que la démocratie soit inutile, mais on ne va pas soumettre au vote la couleur des sièges du dernier SUV à la mode.

Tout le monde ne peut pas décider de tout

Si les principes démocratiques sont importants, ils sont aussi exigeants – il faut les faire vivre, bien sûr, mais également en définir les règles. Celles-ci sont amenées à évoluer dans le temps en raison de la complexification des règles qui régissent l'activité d'assurance, de l'évolution rapide du marché mais aussi en raison de l'actualité qui demande des réactions et donc des prises de décision de plus en plus rapides. Le temps de l'entreprise n'est pas toujours le temps de l'organisation démocratique.

Il est donc important de préciser les lieux de la décision, qui en fait partie et son objet. Non, tout le monde ne décide pas de tout, tout le temps. Et il n'est pas si simple pour une organisation militante de 78 ans qui a ancré en elle ces principes démocratiques. Lors de notre dernière assemblée générale annuelle, des délégués ont exprimé un sentiment de perte démocratique, en cela que de nombreuses décisions leur échappent ou ne sont pas mises au débat. C'est une vraie question, mais la réponse n'est pas évidente. Nous sommes à la fois une entreprise et un mouvement social. Un de mes prédécesseurs disait à juste titre : « Nous ne sommes pas une entreprise comme les autres, mais comme les autres nous sommes une entreprise. »

Je reviens sur l'exemple que je prenais précédemment quant à notre stratégie partenariale. Il est impensable d'attendre l'AG annuelle pour faire adopter un partenariat et les modalités qui l'accompagnent. C'est pour autant un sujet éminemment stratégique qui engage la mutuelle dans la durée. C'est la raison pour laquelle le conseil d'administration prend la décision, et il rend compte devant les délégués à l'AG de la décision qui aura été prise par délégation de l'AG. Ce type de prise de décision, par délégation de pouvoir, est avant tout une question de confiance. Dès lors, les questions de partage et de communication interne deviennent primordiales.

Au-delà de ces modalités qui permettent la réactivité nécessaire à l'entreprise, il faut clarifier ce dont chacun décide. Cela permet d'éviter un sentiment de dépossession, ou une impression que c'est une organisation verticale et non horizontale qui prend le pas, en contradiction avec l'histoire. Si je suis convaincu que l'on fait souvent référence à un passé idéalisé, il faut toutefois être attentif à ces positions car elles ont une signification. Pour moi, elles sont le signe que justement les règles du jeu ne sont pas suffisamment claires. Les militants élus estiment, à juste titre, que les grandes décisions pour la mutuelle leur reviennent. C'est le cas lorsqu'il s'agit d'élaborer et de mettre en œuvre le projet stratégique. Mais dès lors qu'une décision respecte les orientations stratégiques de l'entreprise, le conseil d'administration est fondé à le faire et à en rendre compte. Je comprends que cela puisse générer une frustration auprès de certains, c'est pourquoi il est pertinent de les associer à la réflexion en amont chaque fois que c'est possible. Cela permet justement de responsabiliser chacune et chacun et de nourrir la réflexion de celles et ceux qui devront prendre la décision.

Dans une entreprise de l'ESS, chacun doit avoir la capacité de jouer alternativement trois rôles, mais pas sur tous les sujets. Sur un sujet donné et clairement identifié, on peut soit donner son avis, soit décider, soit mettre en œuvre. Cela nécessite une clarification des rôles de chacun au sein de l'entreprise, une forme de contrat de gouvernance. Et il ne faut jamais penser qu'il est acquis. En période de difficultés ou de transformation, ce contrat vacille, certains ne se sentent pas assez consultés, écoutés, d'autres n'ont pas eu la capacité de décider sur un sujet donné. C'est là que la question de la transparence et de la confiance prend toute son importance.

Toutes les décisions ne peuvent pas être soumises au vote

Vous l'aurez compris, je suis attaché au modèle démocratique des entreprises sociales et solidaires. Dans notre mutuelle, le modèle repose sur quelques principes de base et il importe de bien les définir. Il est important de savoir s'accorder sur les désaccords. Savoir jusqu'où nous avons une position commune. De la même manière, il est primordial de ne pas confondre consensus et consentement. Si l'on part du principe que « majorité vaut pour tous », il faut être prêt à défendre publiquement une position inverse à celle que vous aurez défendue devant le conseil d'administration. Car le président n'a pas de possibilité statutaire d'imposer sa ligne lors d'un vote, et c'est heureux.

Mais toutes les décisions ne peuvent bien entendu être soumises au vote. Aucune entreprise ne peut faire passer le choix du fournisseur de trombones en vote au CA. Aucune entreprise ne peut faire passer ce qui concerne sa vie quotidienne et courante par des votes au CA, cela relève du DG et de ses équipes et non des élus. La culture démocratique fait que nous votons de nombreuses décisions au CA, mais je suis convaincu que nous devrions simplifier encore. Ceci étant, cette décision devrait elle-même passer… par un vote ! Je disais juste au-dessus que déléguer était un acte de confiance. Et je le pense vraiment. C'est par ailleurs une manière de lutter contre la centralisation des pouvoirs.

S'il est normal que le salaire du président soit voté en assemblée générale, je n'entends pas soumettre au vote mon emploi du temps ou la liste de mes invités à des déjeuners d'affaires. La transparence ne peut pas porter sur tout, tout le temps. Le principe d'une délégation de vote est intéressant mais nous avons plus de 500 délégations à la MGEN, cela impose de les suivre et d'en rendre compte. Nous aimons le débat, il est dans nos habitudes, mais il n'est pas toujours possible de décider simplement et rapidement. Après les échanges arrive un moment où il faut trancher, sinon on passe notre temps à débattre entre nous et à s'écouter, sans jamais passer à l'acte. Cela fait partie de la responsabilité d'un patron que d'arbitrer. Discuter, oui, mais dans quelles limites ? Jusque-là, je laissais chacun intervenir sans l'interrompre et les débats se prolongeaient sans limites. Désormais j'impose : à telle heure, nous aurons terminé. Cela limite les développements trop longs, cela respecte l'agenda de chacun et permet à un plus grand nombre de personnes d'intervenir.

Avant d'en arriver au vote, le rôle du dirigeant est de penser aux choses auxquelles personne n'a pensé. C'est aussi de proposer, d'anticiper, d'évoquer l'avenir, d'avoir un coup d'avance. Pour cela, il faut être à l'écoute des bruits du monde, rencontrer des gens en dehors de l'entreprise, créer un réseau, sentir les opportunités, suivre les grandes tendances (IA, *big data*, évolution du marché, etc.), penser les transitions et les ruptures. Tout ceci demande du temps, et exige donc de ne pas passer des journées entières à organiser des votes et à gérer l'interne !

Chapitre 5

Ne pas se réduire à sa fonction : la frontière vie pro/vie perso

La majorité des dirigeants d'hier se confondait avec sa fonction et n'avait d'existence que par elle. Les leaders disruptifs, au contraire, vivent leur vie et entendent le faire savoir. Prendre des vacances, aimer, déménager, changer de vie, tomber malade, rien n'est tabou et tout dirigeant reste avant tout un être humain, avec ses forces et ses faiblesses. Faut-il encore le taire ? Non. Mais jusqu'où ?

Un patron n'est ni une nonne ni un moine-soldat

On se demande souvent quelle place le dirigeant doit prendre dans l'entreprise. Demandons-nous aussi quelle place l'entreprise doit prendre dans la vie du dirigeant. Le leader d'une structure classique considère comme normal qu'il soit à sa place de dirigeant. Dans l'économie sociale et solidaire, on considère au contraire que c'est plutôt une chance du fait de la nature atypique des profils qui les gouvernent. Stéphane Junique était infirmier avant d'être président du Groupe VYV, j'étais professeur des écoles. Il faut se départir de ce complexe de l'imposteur. La responsabilité ne nous est pas tombée dessus, nous nous sommes battus pour y arriver. Je suis président, légitime, et capable demain d'être patron d'une autre entreprise car ce que l'on attend d'un dirigeant c'est : porter, décider, assumer. Et c'est ce que je fais.

Pour autant, je travaille aujourd'hui à remettre l'entreprise à sa juste place dans ma vie. Ce n'est pas si simple. Pourquoi ? Parce qu'à l'origine, je suis un militant. J'ai été bénévole à la MGEN, par engagement, avant d'y occuper des responsabilités. On nous y apprend l'importance d'un projet qui nous dépasse, on nous répète – et on a raison de le faire – que nous sommes au service du collectif. Sous-entendu : personne ne doit y rechercher une gloire personnelle. Présider une mutuelle est donc une responsabilité, celle d'un patron, et un engagement, celui d'un militant. Je suis un président-militant. Et ça génère parfois des antagonismes. Il y a parfois des choses qu'un président doit faire qu'un militant réprouverait. Il agit avec un sens sacrificiel du devoir, de l'engagement. Mais l'engagement ne doit justement pas être sacrificiel. Personne ne saluera le fait que je meure sur scène lors d'un CA. Le maximum n'est jamais l'optimum.

Pour ne pas me faire dévorer par le militant en moi, je dois mettre des limites. Je m'en suis édicté quelques-unes. Mais je n'arrive pas à fixer des règles strictes vis-à-vis de moi-même par rapport à cet équilibre car elles sont toutes aussi difficiles à suivre les unes que les autres. Un exemple : depuis plusieurs mois, j'ai décidé de structurer différemment mes vendredis afin de pouvoir consacrer plus de temps à la réflexion stratégique, à la lecture de rapports, à l'écriture de notes stratégiques, à ma vision. Mais c'est difficile. Si je reviens sur mes derniers vendredis, j'ai eu par exemple un CA qui devait se positionner sur des décisions stratégiques d'achat. Aucune autre date n'était envisageable. La semaine d'avant, j'ai eu une crise à gérer. Vendredi prochain, je déjeune avec un patron de l'assurance et comme ce déjeuner s'est organisé là, j'ai greffé d'autres obligations : une bilatérale avec une fondation, une réunion sensible l'après-midi. Le vendredi suivant, je participe aux assemblées générales du groupe VYV. Il suffit qu'il y ait un jour férié, un décalage de rendez-vous, une urgence, un « je n'ai pas le choix » pour que ce temps dédié à la réflexion stratégique saute. Et il saute donc toutes les semaines.

Il est une règle que je parviens à suivre quasi parfaitement : j'arrête les dîners professionnels. C'est un engagement en soi. Le président du groupe VYV dont je suis VP délégué et dont la MGEN est membre m'a demandé l'autre jour : « Tu ne souhaites plus faire de dîners ? » J'ai simplement confirmé. En effet, je refuse de plus en plus des dîners, parce que je préfère avoir des temps privilégiés personnels, en amoureux ou en famille. De deux choses l'une : soit c'est un dîner de travail qui se glisse entre le 14e et la 16e heure de la journée et nous ne sommes pas efficaces, soit c'est un temps de travail et il peut se remonter plus tôt dans la journée. Cela ne veut pas dire que je n'ai pas envie de dîner avec des personnes de mon écosystème professionnel, mais simplement que je préfère être clair. Un dîner à la maison avec des amis rencontrés au travail, oui. Un dîner professionnel entouré de dossiers dans un restaurant d'entreprise, non. Tout le monde comprend, à condition que je m'explique.

Je limite mes déplacements à ceux qui sont importants, que seul moi peux assurer car liés intrinsèquement à la fonction de président : rendez-vous ministériels, entre patrons d'entreprise, etc. Concernant les autres, j'estime primordial d'être disponible – ma porte est littéralement toujours ouverte – mais pas corvéable à merci – je refuse des créneaux de réunion dans mon agenda ou des déplacements dont le trajet est trois fois plus long que le temps passé sur place. Longtemps je les ai acceptés pour faire plaisir aux gens, mais juste faire plaisir n'est pas un objectif en soi. Mon temps est précieux. Mais dans cette organisation, je suis parfois faillible.

Je suis assailli d'injonctions contradictoires. J'ai envie que les gens se sentent bien au travail, je refuse de devoir insister pour qu'ils décalent leur agenda pour venir à une réunion s'ils ne sont pas convaincus de son importance. Si le président vous demande d'être présent à une réunion d'urgence et que vous n'annulez pas de vous-même ce que vous aviez prévu, c'est un message assez clair sur votre désengagement. Mais j'estime que ce n'est pas mon rôle de le faire remarquer. Alors je n'ai pas toujours les bonnes réactions : tout n'est pas un combat prioritaire à mener. Je suis leur président, pas leur manager. Je considère que les gens qui travaillent avec moi sont suffisamment professionnels pour s'organiser. Dans mon agenda, j'intègre de moins en moins les contraintes des autres. Et pourtant, c'est vrai, j'y cède parfois. Imaginons que j'ai besoin d'organiser une réunion. C'est aux autres de se rendre disponibles, du moins s'ils avaient une réunion prévue. Car il m'arrive souvent de faire des exceptions, pour les personnes qui avaient un rendez-vous prévu de longue date, un événement personnel, une urgence chez le dentiste, des obsèques, un impératif client à l'extérieur, etc. La liste est longue, je réalise que cela fait beaucoup d'exceptions !

En clair, si quelqu'un estime que sa présence n'est pas essentielle, il a sans doute raison et en effet, elle ne l'est pas. D'une manière générale, quand j'organise une réunion, les gens se libèrent et y participent activement.

Vivre, tomber amoureux, et toutes ses conséquences publiques

Je revendique pleinement le droit de vivre ma vie personnelle sans que cela interfère avec ma fonction de président de la MGEN. Il est crucial de se rappeler que, même en occupant une fonction de responsabilité, comme celle que j'assume aujourd'hui, je reste un homme avant tout, avec des émotions, des sentiments, des relations, un avenir, et un droit à la vie privée. Ma rencontre avec Marlène Schiappa, ministre et activiste féministe populaire et médiatique, à New York lors d'un déplacement diplomatique, a donné naissance à une relation passionnée et épanouissante. Ce bonheur est une part de moi et je ne vois pas pourquoi, en tant qu'individu, je devrais le cacher ou le limiter en raison de ma position professionnelle.

Cependant, cette dimension privée de ma vie a provoqué des réactions inattendues et parfois déplacées dans mon écosystème professionnel. Lors d'une réunion de militants, l'un d'eux m'a interpellé de manière virulente, m'indiquant que, selon lui, ma relation avec une ministre compromettait mon mandat de président et que je devais envisager de démissionner. Cette prise de position m'a profondément choqué et m'a amené à une réflexion sur les limites entre l'intimité et le cadre professionnel. J'ai répondu de manière tranchée, affirmant que ma vie privée n'avait aucune incidence sur mes responsabilités professionnelles, et que mon action à la tête de la MGEN devait être évaluée sur la base de mes compétences, de mes décisions et des résultats concrets obtenus.

Ce militant, en se permettant de porter un jugement sur ma vie personnelle, a non seulement outrepassé les limites du respect dû à un dirigeant ou même à un autre militant, mais il a aussi ouvert la porte à une confusion qui n'a pas sa place dans l'espace professionnel. Je ne suis pas une figure publique qui doit sacrifier son identité personnelle pour répondre à des attentes extérieures. Je ne blâme personne, car j'imagine que c'est une réaction humaine que d'avoir envie de commenter la vie privée d'un dirigeant une fois celle-ci devenue publique. Mais je n'avais jamais, auparavant, été confronté à cela. C'était aussi nouveau pour moi que pour ceux qui commentaient. J'étais choqué à l'idée que des personnes avec qui je partageais des engagements se permettent d'émettre des jugements sur un aspect intime de ma vie, sur mon couple. Mais cela illustre à quel point le statut de dirigeant peut interférer avec la vie privée et l'individualité. C'est sans doute la vie normale des entreprises, la « radio moquette », mais la proximité que crée le militantisme ouvre la voie à des dérapages, ce lien particulier autorise les personnes à émettre un avis sur des sujets privés.

Je suis d'avis que, dans une organisation démocratique et respectueuse des individus, il doit exister une séparation claire entre la sphère professionnelle et la sphère personnelle. Un président a le droit de tomber amoureux. Et celui de le dire sans se cacher. Le compagnon d'une ministre a le droit d'être pris en photo dans la presse avec elle. Le président de la MGEN n'a pas à se justifier auprès de gens qu'il respecte, au service desquels il travaille, mais à qui il ne doit aucun compte sur ses sentiments. Si j'avais été simplement administrateur ou membre, comme avant, cette histoire n'aurait été qu'une anecdote sans aucune importance. Mais la fonction semble déposséder l'individu de son identité privée, transformant chaque aspect de sa vie en sujet d'interrogation ou de jugement. Cela m'a fait prendre conscience de la pression que peut exercer une fonction sur une personne, et à quel point il devient nécessaire de poser des limites claires.

Je considère que cet excès d'intrusion dans la vie personnelle, cette forme de confusion entre fonction et identité personnelle, est non seulement injuste, mais aussi déshumanisant. La fonction de dirigeant ne doit pas effacer l'individualité et l'intimité de celui qui l'exerce. Dans toute structure, il est impératif d'instaurer un équilibre respectueux entre les enjeux professionnels et la liberté personnelle. Les centaines de SMS et de messages reçus de la part de personnes qui me soutenaient ou se réjouissaient pour moi m'ont énormément touché. La fonction de dirigeant, quelle qu'elle soit, ne doit pas devenir une cage dans laquelle l'individu est contraint de renoncer à sa liberté d'être, de choisir et d'aimer.

Chapitre 6

En finir avec le tabou de l'argent

Dans l'économie sociale et solidaire, la question financière est particulière, le rapport à l'argent singulier. Il existe une forme d'antagonisme entre argent et valeurs, entre argent et solidarité.

Le circuit financier est simple et pourrait se résumer ainsi. Les adhérents paient une cotisation à la mutuelle. Ces sommes servent à payer les frais de fonctionnement que l'on souhaite les plus faibles possibles pour permettre la meilleure redistribution aux adhérents sous forme de prestations. Enfin, cela permet la constitution des réserves imposées par la réglementation afin de sécuriser les engagements prestataires que nous prenons auprès de nos adhérents. Ces réserves génèrent des produits financiers qui eux-mêmes contribuent à l'équilibre du modèle économique de la mutuelle. Et c'est important car une mutuelle ne peut se recapitaliser sur les marchés financiers en cas de coup dur, elle ne vit que grâce aux les cotisations versées par ses adhérents.

De manière mécanique, une mutuelle gère des flux financiers. Les adhérents versent des cotisations et, en fonction à la fois de leurs besoins et des règles collectivement fixées, des prestations leur sont fournies. On pourrait croire que tout est terminé une fois ce travail effectué. Or c'est là que tout commence. Car c'est à ce moment que les mutuelles se différencient : action sociale, accompagnement mutualiste, conventions, proximité, etc.

La politique salariale et le partage de la valeur

Les questions salariales et de partage de la valeur sont des questions essentielles dans la vie d'une entreprise. Elles conditionnent à la fois le climat social, l'attractivité et l'image de l'entreprise en tant qu'employeur. Cela concerne tout autant les salariés que les cadres dirigeants ou les indemnités des élus. Le sujet peut être sensible, surtout au sein d'une entreprise de l'économie sociale et solidaire.

En effet, lorsque vos seules ressources sont les cotisations de vos adhérents, vous en êtes comptables. En clair, tout ce que la mutuelle finance est issu des cotisations des adhérents. Chacune de nos dépenses est financée par cet argent. L'idée serait donc de minimiser les coûts et donc les salaires pour rendre de l'argent aux adhérents sous forme de remboursements. Mais dans l'économie sociale et solidaire, nous avons besoin que les salariés soient bien payés, car nous souhaitons qu'ils se sentent bien dans nos entreprises et qu'ils puissent vivre dignement de leur travail. La problématique est la suivante : comment concilier l'humanisme avec une politique salariale juste et une bonne gestion de l'argent des adhérents ?

Un moyen de résoudre cette question complexe est de se dire qu'il n'y a pas de déphasage entre l'intérêt des adhérents et celui des salariés : un salarié bien payé se sent bien et travaille bien. Nous avons ainsi décidé que personne ne toucherait moins de 115 % du SMIC. Nous avons aussi décrété que nous nous limiterions à un rapport de 1 à 10 entre la moyenne des dix revenus les plus bas et celle des dix revenus les plus hauts. Cela signifie que personne à la MGEN ne gagne 1 000 fois plus qu'un autre comme dans une entreprise du CAC 40.

Pour autant, comme les autres, les entreprises de l'ESS sont soumises à la concurrence, elles peinent à recruter des talents dans certains secteurs tendus et doivent mettre en œuvre une politique salariale attractive. C'est notamment vrai dans les fonctions « commerciales », qui bénéficient de modes de rémunération individuels, liés à la performance et à la signature de contrats.

Il y a encore quelques années, le développement commercial ne revêtait pas la même importance qu'aujourd'hui. Tous les ans, les fonctionnaires nouvellement embauchés dans le métier venaient gonfler le nombre des adhérents à la mutuelle. Nous leur proposions des services et des offres additionnels à la couverture santé et prévoyance à laquelle ils avaient adhéré. Nous nous sommes adaptés à des besoins nouveaux de nos adhérents : dépendance, épargne, retraite, garantie décès ou, plus récemment encore, garantie accidents de la vie, etc. Nous le faisions avec une proactivité mesurée et sans véritables objectifs chiffrés. Les commerciaux de la mutuelle n'avaient donc pas de véritables objectifs de « production » de nouveaux contrats. Culturellement, et par conviction, nous n'avons jamais voulu forcer la main à qui que ce soit ni jamais proposer d'offres dont les personnes n'avaient pas besoin, contrairement aux pratiques que l'on pouvait observer chez certains de nos concurrents privés capitalistes. Ce faisant, nous ne proposions que peu d'offres. Les commerciaux avaient donc une rémunération fixe sans partie variable.

Avec la montée de la concurrence, nous avons petit à petit mis en place des objectifs de « production de contrats » pour les commerciaux et les conseillers mutualistes. Mais une mutuelle valorise l'effort collectif, l'entraide et non la compétition, alors on a mis en place des objectifs collectifs d'atteinte de résultats. Cela revenait à mettre une part de variable non seulement dans la rémunération des commerciaux, mais aussi dans la rémunération de tous. Ou tout le monde l'avait, ou bien personne. Ce système semble juste en apparence. Mais s'il permet de valoriser l'effort collectif, il ne permet pas en revanche de valoriser les contributions individuelles à l'atteinte des objectifs communs. Notre but était d'éviter la concurrence entre les commerciaux. Cela a amené à une situation où ceux qui produisaient beaucoup avaient le sentiment de permettre à ceux qui produisaient peu d'avoir la part de rémunération collective variable, sans eux-mêmes avoir plus. Solidarité ou injustice ? Cela génère-t-il de l'émulation ou cela tire-t-il tout le monde vers le bas ? On a observé que, souvent, les commerciaux les plus efficaces s'épuisaient sans se sentir reconnus.

Toutes ces évolutions rapides témoignent d'une grande difficulté pour l'ESS à s'adapter au contexte de la concurrence et du niveau de revenu des salariés.

Dans une entreprise classique, une seule question se serait posée : qui s'antagoniser ? ceux qui produisent ou bien ceux qui ne produisent pas assez ? Mais l'ESS ne cautionne pas cette dualité. Alors nous avons procédé à deux évolutions.

Nous avons procédé à deux évolutions. Favoriser le mentorat de pair à pair entre commerciaux, pour permettre un meilleur partage des bonnes pratiques. Nous nous sommes organisés pour créer les conditions de la montée en compétence de tous nos commerciaux. Parallèlement, nous avons progressivement augmenté la part de rémunération individuelle des commerciaux attachée à l'atteinte d'objectifs personnels, tout en maintenant une part collective. Nous avons conservé le conseil au cœur de la relation adhérent. Une vente, c'est la rencontre entre un besoin exprimé et une solution. Nous ne devons pas craindre d'anticiper et de satisfaire les besoins de nos adhérents. Il serait dommage qu'on les laisse partir et qu'ils trouvent des solutions auprès de concurrents dont on ne partage ni la philosophie ni le sens des valeurs, et qui, selon nous, mettent l'intérêt de l'entreprise avant l'intérêt de la personne.

Nous sommes-nous banalisés ? Avons-nous cédé aux sirènes de l'individualisme ? de la proposition d'offres à tous crins ?

La question salariale est et restera un dispositif en constante adaptation. Nous l'avons constaté récemment avec l'augmentation des coûts de l'énergie qui frappe les entreprises et les particuliers, comme avec la flambée de l'inflation qui met une pression forte sur l'augmentation des salaires et met en tension le dialogue social. La multiplication des primes comme celles dites « Macron » permet d'apporter une réponse conjoncturelle et temporaire à des situations qui peuvent relever de besoins structurels. C'est l'un des nœuds du dialogue social : ajuster la réponse aux besoins et aux demandes légitimes des salariés, ne pas rester sourd aux demandes mais ne pas faire de promesses que l'on ne tiendra pas dans la durée.

Le salaire des dirigeants

Si la question de la rémunération des salariés est importante, celle des dirigeants l'est tout autant. Dans l'ESS, on observe des pratiques très différentes selon les entreprises et les secteurs d'activité. Si vous faites partie d'une mutuelle, d'une mutuelle d'assurances ou encore d'une coopérative, les salaires des dirigeants opérationnels sont fixés au regard de ce qui peut être pratiqué dans le monde associatif par exemple. Ils sont en revanche inférieurs en moyenne à ceux que l'on retrouve dans les entreprises privées capitalistiques exerçant dans les mêmes secteurs d'activités. Faut-il s'en réjouir ou le déplorer ? La question n'est pas aussi simple qu'il y paraît, car elle possède une charge symbolique forte.

Parce que c'est ancré dans son histoire et ses pratiques, l'ESS a toujours été réticente à jouer la surenchère des salaires, à l'image de celle que l'on observe dans de grandes entreprises. Son ampleur est pourtant remise en question à la fois par la technicité croissante des métiers (de l'assurance notamment), le poids de la réglementation qui oblige de plus en plus à aller rechercher de compétences à l'extérieur et la concurrence croissante. La crainte de voir nos pratiques se confondre avec celles des entreprises capitalistiques est forte. Le besoin d'attirer des talents l'est tout autant.

Il est alors difficile de maintenir le rapport de 1 à 10 entre la moyenne des dix rémunérations les plus basses et celle des dix les plus élevées. Pas par abandon de ce sens de la mesure et de la justice sociale, mais par pragmatisme. Par conviction aussi, si l'on veut recruter de bons dirigeants, il faut les payer ; si l'on veut développer son entreprise, il faut les garder.

C'est parfois difficile à comprendre et à accepter pour la base militante bénévole de nos organisations qui considère que les salaires des dirigeants sont trop élevés, que l'argent des adhérents doit prioritairement servir à payer leurs prestations. C'est vrai en un sens, puisque notre objectif est de préserver l'intérêt de celles et ceux qui nous confient leurs cotisations. Mais je suis convaincu que la meilleure manière de le faire est d'avoir les meilleures équipes possible, les meilleurs dirigeants pour porter la stratégie de l'entreprise, sécuriser ses activités et assurer son avenir. Nous arrivons à le faire sans pour autant mettre en place des niveaux de rémunération déconnectés de toute réalité.

Nous avons beaucoup d'atouts et de caractéristiques propres pour attirer des talents. La nature même de nos entreprises en est une. Nous ne rémunérons pas d'actionnaires qui pourraient mettre la pression sur la rentabilité de leur investissement. Nous rendons des comptes à nos adhérents à travers notre modèle de gouvernance démocratique. C'est une pression en moins et une responsabilité en plus.

Souvent, nous recevons des candidatures de personnes motivées par notre projet. Et ce n'est ni naïf ni angélique.

À un certain niveau de revenus et de responsabilité, lorsque vous avez sécurisé les besoins essentiels – en référence à la pyramide de Maslow –, vous avez la capacité à vous engager dans un projet qui a du sens, un projet utile, sans que le salaire soit le moteur déterminant. La MGEN, en plus de ses activités d'assurance, gère la sécurité sociale des fonctionnaires qu'elle protège. C'est une mission de service public au service de l'intérêt général, qui attirent certaines personnes. D'autres viennent pour la taille de l'entreprise et la sécurité qu'elle offre. D'autres encore pour les défis à relever en termes de développement et de lutte face à la concurrence.

Les parachutes pas dorés

Qu'est-ce qu'un privilège ? Certains militants considèrent que, comparativement à mon salaire de professeur des écoles, qui s'élevait à 1 800 euros par mois, ma rémunération de président de la MGEN représente un privilège. Je gagne 1 730 euros en tant que prof mis à disposition par l'Éducation nationale, auxquels s'ajoutent 5 310 euros d'indemnités MGEN et 2 460 euros d'indemnités du groupe VYV. Je touche une rémunération totale de 9 500 euros net par mois en tant que dirigeant effectif, c'est-à-dire civilement et pénalement responsable dans le cadre de mes obligations professionnelles. Je n'ai pas de logement de fonction, pas de retraite chapeau, pas de primes d'aucune sorte, ma carrière de fonctionnaire n'avance pas – elle est à l'arrêt du fait de la mise à disposition – et je n'ai pas vocation à être président de la MGEN à vie.

Quand je regarde dans l'environnement mutualiste (mutuelles ou banques-assurances et coopératives) ce que gagnent mes homologues, qui souvent ne sont pas dirigeants effectifs, je constate des multiplicateurs entre quatre et six. Je n'éprouve aucune jalousie et me réjouis pour eux mais j'estime parfois, sans faire offense à mes précédentes fonctions, que je ne suis pas assez payé pour ce que je fais. Quelqu'un un jour m'a dit : « Compte-tenu du nombre d'heures que tu fais, ça ne fait pas beaucoup à l'heure. » Si je calcule mes horaires de travail – je suis à 7 h 45 maximum au bureau chaque matin, termine régulièrement tard le soir et travaille continuellement le week-end – j'avoisine en effet les 35 euros de l'heure. J'ai des responsabilités importantes, je prends des décisions qui ont un impact sur les salariés et les adhérents, j'engage ma responsabilité civile et pénale. Ce n'est pas un jugement de valeur. Mais même si, dans une mutuelle, on met régulièrement en avant la force du collectif dans la prise de décision, je me sens personnellement responsable de tout.

Alors trop payé ou pas assez ? Tout dépend de notre manière d'envisager les choses. Je peux considérer que la MGEN m'a offert l'opportunité d'accéder à des responsabilités qu'aucune autre entreprise ne m'aurait offert au regard de mon parcours. Je n'ai pas suivi les études qui qualifient à ce niveau de responsabilité et donc je m'estime heureux de ma position actuelle. Je peux aussi considérer que, justement, mon parcours, la compétition pour la présidence et les responsabilités que j'assume aujourd'hui au regard des enjeux et de la taille de la MGEN justifient pleinement un niveau de rémunération élevé.

Une formation initiale de professeur des écoles, un poste de président d'une grande mutuelle, cela fait presque de moi un transfuge de classe. Et on n'aime pas les transfuges de classe car il n'y a pas plus subversif, traître pour les uns, parvenu pour les autres. Le Lucien de Rubempré de la mutualité. Sont-ce pour autant les illusions perdues ?

Transparence partout, information nulle part ?

On entend parler d'un besoin de transparence, partout, tout le temps et sur tous les sujets. En politique, dans le monde économique, au travail, etc. D'où vient-il ? S'il existe un besoin si criant pour les citoyens, c'est qu'ils ont perçu de longue date une certaine opacité. C'est vrai dans la vie politique : pourquoi telle alliance entre tels partis autour de telle loi ? Quelle place vraiment accordée aux lobbys ? Pourquoi un rendez-vous ministériel est-il accepté, et pourquoi pas tel autre ?

Mais c'est aussi vrai dans le monde des affaires. Les dernières polémiques autour de certaines fusions ou de certains rachats ont laissé un sentiment de « on ne nous dit pas tout » aux personnes éloignées des sphères du pouvoir. Quand on entend que Carlos Ghosn est rentré en France en cachette dans une malle après avoir été accusé d'organiser son anniversaire sur les fonds de l'entreprise qu'il préside au château de Versailles, quand Jean-Charles Naouri est chassé de la présidence de Casino par le nouvel actionnaire ou, dans les médias, quand *Paris Match* passe d'un propriétaire à un autre en trois ans. Le consommateur en bout de chaîne ressent forcément une certaine opacité.

Alors pour répondre à ce sentiment de dissimulation fut inventé un concept : la transparence. Mais avons-nous placé cette transparence au bon endroit, au bon niveau ? Le procédé de prise de décision entre actionnaires ne me semble pas plus transparent qu'il y a dix ans, pas plus que la prévention des conflits d'intérêts.

Aujourd'hui, la transparence en politique comme en entreprise se fonde sur des critères absurdes. On exige de regarder par le trou de la serrure de la chambre à coucher des dirigeants. La une de *Libération* répertoriant le montant des cadeaux offerts par le patron d'EDF à sa compagne d'alors, une ministre, en est un triste exemple.

L'article du *Monde* épinglant à tort les notes de frais du patron de la Banque de France en est un autre. Comme si savoir que le patron d'EDF avait offert des rideaux à sa petite amie aidait à mieux comprendre la hausse des tarifs de l'électricité. Et comme si savoir que le patron de la Banque de France préfère boire un Perrier qu'une Badoit dans sa chambre d'hôtel après dix-huit heures d'avion pour venir défendre les intérêts de la France sur le plan monétaire nous était d'une aide quelconque à la compréhension de son activité.

Non, décidément, la transparence ne se trouve pas au bon endroit. Je suis favorable à une transparence totale sur la question de mon salaire. Il est voté, cela a toujours été ainsi à la MGEN comme dans les entreprises de l'économie sociale et solidaire. Mais j'aimerais que les questions portent sur mon action. J'aimerais que l'on exige de moi plus de transparence sur la stratégie d'alliances avec nos partenaires mutualistes ou sur nos statistiques et nos délais de remboursement, plutôt que sur ma vie privée. J'ai dû remplir une déclaration d'intérêt et de patrimoine auprès de la HATVP après seulement deux mois de relation avec ma compagne, sous prétexte qu'elle était ministre et moi patron de l'économie sociale et solidaire. Pourtant, il n'y avait aucun conflit d'intérêt puisque le ministère de l'Économie sociale et solidaire ne rémunère aucunement les mutuelles d'une part, et d'autre part, en quoi afficher publiquement le détail de mon patrimoine apporte une quelconque information utile aux citoyens ? Si elle avait été fleuriste et moi boulanger, cela ne nous aurait pas été demandé.

Cette défiance naturelle, ajoutée au voyeurisme français hérité de la cour de Louis XIV – au sein de laquelle tous les aristocrates devaient se réunir dans la chambre du roi pour l'observer se lever, se coucher, se laver, etc. – n'apporte rien de positif à l'évolution du débat public autour de la transparence.

Nous devons absolument évoluer vers une démocratie plus mature, fondée sur un pacte de confiance entre les dirigeants et les citoyens, des éléments clés de transparence – salaires, résultats, intérêts éventuels – et une paix royale sur le plan de la vie privée.

Une fois ces éléments posés, j'ai fait de la transparence un engagement dès mon élection. C'était pour moi quelque chose de très important. Je venais de traverser une période où j'estimais que certaines décisions avaient été prises sans en référer à toutes les parties prenantes. La mutuelle s'apprêtait à traverser des moments difficiles avec la réforme de la PSC (protection sociale des fonctionnaires) qui se profilait. Il était impossible de faire adhérer nos militants au projet sans sincérité ; je tenais à tout dire pour démontrer qu'il n'existait pas de plan caché. Vous ne pouvez pas être transparent sur une situation inquiétante sans apporter les éléments qui vont rassurer. La transparence oblige énormément, c'est de la matière inflammable. Et par ailleurs, être transparent ne signifie pas tout dire. Dans certaines situations, on ne souhaite ni exposer les personnes ni inquiéter.

Mais en ce qui me concerne, je souhaitais, et c'est toujours vrai, partager avec chacun certaines difficultés rencontrées. J'aime bien répéter : « Rien ne sera facile mais tout sera possible, et je vous demanderai de prendre des décisions que vous n'aurez pas envie de prendre. Mais je vous le demanderai quand même : réduire notre train de vie, nos coûts, réformer notre modèle, etc. » Pour moi, être transparent c'est surtout ne pas travestir la réalité. On ne vit pas dans le Truman Show où chacun pourrait appuyer sur un bouton de télécommande et avoir accès au bureau du président sur commande. C'est une ligne de crête car si l'on n'en dit pas assez, certains pourraient estimer qu'on leur cache quelque chose. Être transparent c'est aussi venir avec des pistes, des idées et des projets pour que chacun dispose des informations nécessaires pour se projeter. C'est permettre à tout le monde, en responsabilité, de comprendre les enjeux et surtout de trouver les leviers de son action. C'est partager avec tout le monde les éléments qui permettent à chacun de se positionner, de se faire une opinion éclairée afin d'avoir la capacité de prendre une décision. La transparence est finalement un principe qui permet l'exercice de la démocratie. C'est vrai partout, en politique comme en entreprise.

Chapitre 7

La culture d'entreprise face au défi des transformations

Je ne me suis jamais demandé ce qu'était une culture d'entreprise, ce qui va de soi n'a pas besoin d'être théorisé. De façon empirique, la culture d'entreprise se situe au carrefour de ses valeurs, de ses habitudes, de ses croyances, de ses pratiques, de son histoire, etc. J'ai le sentiment que les salariés de la MGEN sont sincères dans leur altruisme, dans leur envie de vouloir aider les gens à se soigner, à avoir des prises en charge adaptées à leurs besoins. Il arrive que certains d'entre eux viennent me parler de leur attachement à cette mutuelle et de leur fierté d'y travailler depuis quinze, vingt ou trente ans.

Sur le fond, je suis persuadé que celles et ceux qui travaillent à la MGEN se sentent appartenir à une organisation qui fait œuvre utile. Chacun contribue au projet collectif : améliorer la santé de tous. Nous avons une culture d'intérêt général, comme d'autres secteurs d'activités avec une identité forte. Quand un salarié de la section MGEN d'Arras croise un salarié de celle de Montpellier, ils savent immédiatement qu'ils partagent un même objectif au quotidien, un projet, des valeurs.

Le poids de l'histoire

La culture de la MGEN est faite de pratiques, de valeurs, d'expérience, et aussi de traditions. Chez nous, la convivialité tient une place importante. Par exemple, après chaque assemblée générale, nous restons ensemble pour la soirée et dansons le madison. Vu de l'extérieur, cela peut sembler kitsch, mais critiques sur ce sujet m'agacent. D'abord, ce ne sont pas les quelques minutes annuelles passées tous ensemble à danser qui définit l'identité de l'entreprise. Ensuite ; c'est notre moment. En arrivant, j'ai comme tout le monde pris part à cette danse collective, qu'elle me plaise ou non. Je ne considère pas que les AG soient le moment de diffuser ma playlist personnelle. Pourquoi on arrêterait, si cela fait plaisir aux gens ? Il y aurait un côté artificiel à dire « Allez soyons modernes et hypes, passons la musique du moment ! » Cela ne se décrète pas.

C'est un moment un peu régressif qui clame « C'est toujours nous, on est toujours là ! » Cela fait partie de ces points de repère tangibles.

Les repas sont d'autres moments importants. Dans le monde mutualiste, comme dans un album d'Astérix, on organise régulièrement des repas : déjeuners des présidents, dîner précédent l'AG, dîner succédant à l'AG, etc. Si on replace notre écosystème dans un grand ensemble, toutes les grandes organisations laïques ont une tradition de banquet républicain comme le faisaient les libres-penseurs du XIXe siècle. On pourrait croire que c'est juste un « pot », mais c'est plus que cela. D'une part, cela revêt un sens politique, et d'autre part, c'est une manière de célébrer la convivialité. Ceci étant, je suis attentif à ce que ces moments de convivialité restent un moyen et pas une fin. Le projet stratégique ne peut pas être le prétexte d'un bon repas., tout comme le lieu où se déroule le dîner ne peut pas être plus important que l'ordre du jour. Ne vous y trompez pas, lors de ces repas, nous partageons bien un temps de travail, certes plus informel qu'habituellement. Mais comme tout temps de travail, il est précieux, et ne doit donc pas déborder sur les autres tâches.

Je me sens dépositaire de cette culture d'entreprise dans la mesure où mon rôle est de la perpétuer tout en tenant compte des enjeux du moment. Même si je n'ai pas toujours été exemplaire sur ce sujet, je suis maintenant attaché à ce que l'on reste dans la mesure, sur la nourriture, les boissons et les fêtes. Mais tout ceci procède d'un cheminement : je ne suis pas la même personne qu'il y a dix ou quinze ans. À l'époque, quand j'étais militant, je ne me posais pas de questions sur le sens de ces moments. On nous proposait un repas convivial, une piste de danse, un bar, j'en profitais. Mais peu à peu, dans cette fonction de président, j'ai mené une introspection sur ce sujet.

Le travail ne peut pas être le lieu de la fête. La convivialité doit passer avant tout par le sens, par le projet. Si je suis excusable d'avoir consommé ce qu'on me proposait quand j'étais administrateur ou vice-président, je suis désormais aux manettes. Et j'assume de bousculer un peu la culture d'entreprise : non, je ne suis pas favorable aux *open bars* qui incitent à une consommation débridée dans un cadre professionnel ni même à l'alcool sur le lieu de travail, d'ailleurs interdit par la loi.

Ce sujet m'a beaucoup préoccupé ces dernières années. Et je ne souhaite pas permettre, cautionner ou a fortiori encourager une consommation d'alcool excessive

L'organisation de la mutuelle repose sur des élus de terrain, cela induit que de nombreuses personnes en responsabilité travaillent au siège à

Paris la semaine et rentrent chez eux en région le week-end. Ces dîners conviviaux leur permettent de ne pas se retrouver seuls pendant leurs soirées parisiennes. Or la consommation d'alcool, parfois excessive, est inhérente à ce genre de rencontres, et parfois considérée comme un vecteur indispensable pour atteindre cette convivialité « à tout prix ». Au-delà de ce constat, l'idée que des gens la prennent comme prétexte pour boire parfois plus que de raison me met mal à l'aise. Rester raisonnable n'entrave rien, ni la convivialité, ni les performances professionnelles ou la capacité à se créer des souvenirs communs. J'estime aujourd'hui que c'est ma responsabilité d'accompagner une transition de culture d'entreprise. Et c'est ce que je fais.

Peut-on créer une culture d'entreprise ?

J'échange souvent avec des dirigeants qui se demandent comment créer une culture d'entreprise, et sur quelles bases. Ils envisagent, avec l'aide de consultants, de se créer une histoire, une culture, et se demandent quelles sont leurs valeurs, parfois sans s'encombrer de fausse pudeur. Trouver comment intégrer la préservation de la planète à vos valeurs, alors que vous vendez du pétrole, est une gageure. Cela se fait à coup de slogans.

Si vous voulez une maison, vous avez deux possibilités : en construire une ou en acheter une., C'est la même chose pour la culture d'entreprise. Construire la sienne peut manquer d'authenticité. Bénéficier d'une culture d'entreprise vieille d'un demi-siècle est une force incroyable mais elle peut parfois aussi représenter un poids dès lors que le contexte vous pousse à évoluer et à vous adapter. Alors comment changer sans se renier ? Comment évoluer sans se trahir ?

Posons le cadre : la MGEN a une culture d'entreprise forte, bâtie au cours de ses soixante-dix-huit ans d'existence. C'est à la fois une force et une faiblesse. Une force car cela crée une histoire partagée sur laquelle s'appuyer. Une faiblesse car toute initiative légèrement en décalage par rapport à cette culture suscite de l'inquiétude et parfois des réactions très vives. Il faut composer entre l'histoire, le présent et l'avenir.

La MGEN a été créée en 1946 à l'initiative du SNI (Syndicat national des instituteurs, l'actuelle UNSA), par des femmes et des hommes qui voulaient se protéger contre les aléas de la vie dans les domaines de la prévoyance et de la santé. Ils ont élaboré des mécanismes de protection solidaires dans lesquels chacun est à la fois assureur et assuré. Au-delà de son activité d'assurance, la MGEN porte aussi des valeurs depuis son origine. Elle les puise dans son ancrage de gauche, empreint de valeurs de solidarité, d'humanisme et de progrès social. En attestent ses engagements en faveur de la contraception, de l'IVG, de la PMA, du mariage pour tous, de l'égalité entre les femmes et les hommes ou encore de la laïcité.

Toutes ces constructions solidaires, toutes ces valeurs, tous ces combats sont profondément ancrés dans l'inconscient collectif de la mutuelle et chacun se sent comme un passeur de l'histoire, comme un héritier qui souhaite transmettre un patrimoine. C'est à la fois une grande responsabilité et un frein potentiel, comme un devoir moral de fidélité envers ceux qui nous ont précédés. Or chaque moment de l'histoire, comme chaque défi ou chaque décision, est singulier.

Le sentiment d'appartenance à une entreprise est quelque chose de complexe qui prend sa source dans différentes valeurs. Qu'est-ce qui fait que l'on s'y sent attaché ?

La Mutuelle générale de l'Éducation nationale a été créée par et pour les militants. Il y a un attachement, une réalisation sociale et, plus qu'une protection sociale solidaire de qualité et abordable, elle est aussi un vecteur de travail et d'engagement.

Les adhérents la considèrent comme leur mutuelle professionnelle. Lorsqu'ils s'adressent à des militants, ils s'adressent à des pairs, des personnes qui ont partagé leur quotidien et leur activité, rencontré les mêmes difficultés et qui donc les comprennent.

De nombreux salariés y sont attachés parce que ses valeurs sont en accord avec leurs ressorts d'engagement professionnel.

On observe d'ailleurs peu de départs de salariés, nombreux sont ceux qui ont fait une carrière quasiment complète à la mutuelle. C'est une réalité.

Comment gérer les transitions, les révolutions sans se renier ?

En tant que dirigeant, c'est un énorme défi : comment endosser à la fois l'histoire glorieuse et solidaire de la mutuelle à laquelle nous sommes tous attachés, les enjeux du présent et les réponses pour l'avenir qui nécessitent de prendre des virages stratégiques touchant parfois à l'identité de l'entreprise ?

Désormais, tous les militants MGEN sont recrutés sur des critères de compétence, d'engagement et de performance.

Comme la famille royale d'Angleterre, nous sommes dépositaires d'une histoire et nous devons chercher le meilleur moyen d'entrer dans la modernité du modèle mutualiste. Il est paradoxal de constater que plus la culture d'entreprise est forte, plus il est difficile de la faire bouger. Symboliquement, de nombreuses choses reposent sur cette culture d'entreprise. Dès que l'on essaye d'impulser quelque chose de nouveau, cela génère chez certains le sentiment qu'on se renie : « quoi, on ne fait plus comme on a toujours fait ? »

Cela veut dire que la culture d'entreprise est vivante, mouvante, elle n'est ni les tablettes de la loi ni un monolithe.

Il y a encore dix ans, notre organisation était constituée d'un siège national et de 102 sections départementales, avec chacune à sa tête un directeur et un président. Avec la complexification du marché et la nécessité de renforcer la gestion de nos activités commerciales, nous avons décidé de créer un échelon régional managérial, tant politique qu'opérationnel. Du point de vue du siège national, il est plus simple de suivre et accompagner 17 régions que 102 départements. J'étais alors l'administrateur national responsable de la mise en œuvre de ce projet. Cette régionalisation me paraissait rationnelle et utile, j'ai pourtant éprouvé des difficultés à la faire accepter et à la mettre en œuvre par la suite. Alors même que nous étions une mutuelle nationale, les départements avaient l'habitude d'une forme d'autonomie aussi bien sur le plan politique qu'opérationnel. Et ce projet venait en quelque sorte interroger la confiance que le « national » accordait au terrain. Ce n'était pourtant pas une question de confiance mais bien d'efficience, de mutualisation de projets et de ressources au niveau de la région, une manière de mieux coopérer.

La première réaction des directeurs départementaux a été de penser qu'on leur « mettait » un chef parce qu'on ne leur faisait pas confiance. Il a fallu beaucoup travailler sur l'organisation, les délégations et le projet pour que chacun s'approprie cette nouvelle architecture du réseau et y trouve sa place. Toutes les personnes recrutées après cette réorganisation y ont rapidement pris leurs marques ; cela a pris plus de temps pour celles et ceux qui avaient connu l'organisation précédente. Même si aujourd'hui personne ou presque ne souhaiterait revenir en arrière, il y a quelques enseignements à tirer de cet exemple.

Vous aurez beau affirmer qu'il n'y a pas d'arrière-pensée dans vos actions, les gens penseront qu'il y en a un puisque justement vous venez de dire le contraire. Il faut faire preuve de constance dans les actes et les discours, tenir sa ligne et ne pas céder lorsque les choses se tendent un peu. Quand vous êtes administrateur, vous êtes élu pour porter une stratégie et un projet. Mais vous ne pouvez pas vous attendre à ce que tout le monde comprenne et accepte spontanément ce que vous proposez.

Vos armes sont vos convictions, la transparence et la sincérité. Cela ne fait pas tout mais c'est essentiel. Cela passe par le partage des réussites comme celui des difficultés, un subtil équilibre entre tout noircir et tout enjoliver car souvent, on attend de vous un feed-back, qu'il soit bon ou mauvais. On s'accommode mal de ces périodes un peu floues durant lesquelles les projets sont mis en place

On va vous demander d'évaluer ce que l'organisation produit pour être sûr que le projet était le bon. C'est compliqué parce que votre organisation est jeune, et donc en cours de développement, même si vous avez le sentiment que le travail est fait. Les gens veulent des résultats tangibles et rapides pour s'assurer que votre projet était viable. Il faut à la fois expliquer que les résultats prennent parfois du temps car c'est une construction collective, mais aussi écouter les acteurs qui vous font remonter des retours d'expérience, positifs comme négatifs.

Le principe important pour moi est d'impliquer les gens pour qu'ils se sentent acteurs et non « victimes » du changement. Il faut responsabiliser chacun sur sa nouvelle mission en l'aidant à se projeter, et en lui proposant les accompagnements dont il pourrait avoir besoin.

Il faut aussi accepter l'idée que, malgré tout, cela ne conviendra pas à certaines personnes qui, en connaissance de cause, feront le choix de ne pas rester. Cela ne signifie pas que le projet n'est pas bon, mais qu'il est suffisamment clair pour que chacun se fasse un avis et puisse prendre sa décision.

Il est donc primordial de faire la distinction entre action et organisation, entre nos projets en tant que mutuelle et notre manière de les mener à bien. Une organisation est au service d'un projet et ce n'est pas parce qu'elle change que le projet change. C'est sans doute la notion la plus complexe à faire comprendre car une organisation n'est que l'une des expressions du projet. Et si le contexte change, il faut être capable de faire évoluer cette expression.

Un changement appelle implicitement des modifications, et les mécanismes ne varient pas. « On me demande de changer mes habitudes et je n'aime pas ça. » Nous les accompagnerons.

« On me demande de changer d'activité et je ne sais pas si je saurai faire. » Nous mettrons en place des formations.

Mais il est plus difficile d'accompagner les personnes lorsque les craintes ne sont pas exprimées.

« J'étais reconnu dans ce que je faisais, serai-je reconnu dans ce que je ferai ? » C'est finalement la crainte de ne plus être utile à l'entreprise qui s'exprime, et au-delà, la crainte du regard des autres.

Il faut donc valoriser tout le monde, et rappeler que l'expérience de chacun est nécessaire à la mise en œuvre du projet. Et cela doit aller au-delà de la parole, il faut que les personnes l'expérimentent pour en être convaincues.

On a longtemps pensé que les transformations étaient un moment de déséquilibre entre deux périodes de stabilité. Ce n'est plus le cas. Les périodes de stabilité n'existent plus, on ne devrait même plus selon moi parler de transformation mais d'adaptation permanente.

Le principal défi des entreprises est donc d'arriver à évoluer sans se transformer sans cesse. De créer les conditions de l'agilité qui ne remettent pas tout en question à chaque fois.

C'est un nouveau paramètre à intégrer dans la culture d'entreprise. Évoluer sans se renier passe par cela.

Jusqu'où être disruptif ?

Être disruptif pour être disruptif n'a pas de sens. On m'a parfois dit : « Vous, vous êtes disruptif, vous avez des tatouages et une bague Goldorak. » On me résume à cela. Or cela n'a rien de disruptif ! Je connais des patrons en costume cravate hyper disruptifs et audacieux dans leurs stratégies, et des chefs d'entreprise se présentant comme des *start-uppeurs* innovants qui me font mourir d'ennui avec leurs discours conformistes appris par cœur à HEC. J'ai peut-être un style un peu original, mais ce n'est pas cela qui me rend disruptif.

Tout dans mon parcours se lie à la disruption sur le fond : j'ai quitté la salle des profs pour devenir un homme d'entreprise, j'ai porté en tant qu'administrateur les grandes transformations structurelles de la régionalisation qui ont bouleversé nos habitudes, je me suis présenté contre l'avis du président sortant, alors que cela ne s'était jamais fait auparavant, j'ai annoncé en amont les membres du Bureau national, etc. Pour autant, c'est plus facile d'être disruptif quand on n'est pas responsable des décisions à prendre. Toutes les idées que l'on imagine bonnes quand on n'est pas celui qui doit les assumer, on les relativise considérablement le jour où l'on devient président.

En revanche, il est parfois nécessaire de casser les codes, de penser en dehors du carré. Être disruptif, c'est apporter des solutions nouvelles à des problèmes nouveaux, être capable de se réinventer. Par exemple, dans un contexte d'appel d'offres, nous avons fourni une réponse disruptive : proposer de travailler avec nos concurrents plutôt que s'opposer à eux. La coopération avant la compétition. Cela revient à appliquer les principes mutualistes au niveau des entreprises. Faire à plusieurs ce que seul on ne pourrait faire. J'ai aussi mené une lutte pour avoir des échanges libres et moins formalisés dans les instances, mais je reviens dessus aujourd'hui. Cela désorganise le fonctionnement des débats. Toute disruption n'est pas bonne par essence. Mais toute disruption nécessite de faire preuve de courage et d'assumer ses choix car elle expose davantage que le conservatisme.

Alors, jusqu'où être disruptif dans ses transformations ? Par exemple, comment réconcilier performance et solidarité alors que seules les grandes valeurs primaient jusque-là ? Quand on est une mutuelle qui porte la solidarité comme un étendard et que ce principe d'action est questionné par des évolutions qui changent votre manière d'exercer votre métier, alors vous devez vous adapter sans pour autant vous renier. C'est un vrai défi surtout lorsqu'une grande partie de vos marqueurs identitaires reposent sur ce principe. On a d'ailleurs souvent considéré que l'on était soit performants, soit solidaires. Que plus on était performants, moins on était solidaires et inversement.

Depuis soixante-dix-huit ans, nous créons des offres santé et prévoyance basées sur un triple principe : une solidarité intergénérationnelle, une solidarité entre malades et bien portants et enfin une solidarité entre les hauts et les bas revenus. Lorsque l'employeur public décide de contractualiser avec des organismes complémentaires sur la base d'un cahier des charges qu'il établit et avec une exigence tarifaire qu'il impose, vous ne pouvez plus organiser les solidarités de la même manière. Il faut donc retrouver les marqueurs d'une singularité mutualiste, ce qui fait que vous êtes toujours une mutuelle avec des éléments tangibles de différenciation. J'en suis convaincu, il nous faut absolument réconcilier performance et solidarité, avoir l'exigence d'une performance économique mais au service d'une performance sociale.

Se transformer fait partie de la vie des entreprises. Et personne n'a envie de le faire tant qu'il n'y est pas obligé. Cela arrive souvent quand on n'a pas le choix. Vous aurez beau partager les raisons et les enjeux, le passage à l'acte est toujours complexe. Et cela vaut aussi bien pour les difficultés que pour les opportunités. La transparence est de ce point de vue-là un principe essentiel. Ne rien cacher, ne rien travestir mais fixer l'objectif et la manière de l'atteindre. La confiance est la condition essentielle de la responsabilisation. L'analyse de Rensis

Likert, spécialiste du leadership, nous permet de distinguer quatre styles de commandement dans le monde de l'entreprise : autoritaire, paternaliste, consultatif et participatif. Être disruptif dans son leadership, c'est peut-être en inventer un nouveau, qui permette de diriger autrement.

Être patron autrement, ce n'est pas être autoritaire. Ce serait contre-productif avec une culture d'entreprise basée sur le dialogue, la démocratie et les débats. Trancher, arbitrer, assumer ses responsabilités ne signifie pas être autoritaire ou unilatéral dans ses prises de décisions.

Être patron autrement, ce n'est pas être paternaliste. Je ne prends pas mes équipes pour des enfants, des êtres qui ne seraient doués ni de pensée ni de raison. Être paternaliste, ce n'est pas respecter les gens. Si l'on me demande des conseils, je les donne mais je ne dirige pas la vie des gens. J'aimerais d'ailleurs que les gens soient plus autonomes et me demandent moins de valider leurs décisions. D'une manière générale, les gens rechignent trop souvent à structurer des idées, à prendre des initiatives et à les porter jusqu'au bout sans se couvrir derrière le dirigeant.

Être patron autrement, ce n'est pas être participatif pour tout. C'est insécurisant de demander l'avis de tout le monde, tout le temps.

De même, être patron n'est pas être consultatif pour tout et rien. Il est important de définir clairement les limites des sujets sur lesquels vous consultez.

Être patron autrement, c'est assumer

J'assume mon rôle de personne qui impulse les stratégies, qui les déroule concrètement, qui les partage. J'assume l'énergie que cela demande en force de conviction, j'assume la charge de travail et le manque de sommeil que cela induit.

J'assume ma croyance dans le modèle mutualiste et la coexistence de plusieurs modes d'entreprendre. J'assume le poids de l'histoire de l'entreprise que je préside, j'assume le risque d'être révoqué à tout instant par mon CA, j'assume pourtant mon refus de prendre les décisions pour lui faire plaisir, mais parce que je les trouve bonnes. J'assume les délégations de pouvoir, j'assume la transparence, j'assume la transmission des décisions à des collectifs et j'admets m'y ranger même quand je ne suis pas d'accord avec ces décisions.

J'assume mes décisions et j'en assume toutes les conséquences, les plus positives comme les plus contestées. J'assume la capacité de changer d'avis si j'ai été convaincu par des membres de l'équipe plus compétents que moi sur leur spécialité. J'assume mon ignorance de certains éléments concernant l'entreprise. J'assume la confiance, j'assume le pari de miser sur des talents que j'ai repérés, j'assume les changements nécessaires dans les équipes, non pour remettre en cause les personnes mais pour placer chacun au bon endroit, au bon moment. J'assume parfois la capacité à trancher, à devoir mettre fin à un débat stérile.

J'assume une responsabilité particulière, non je ne suis pas au même niveau de responsabilité que les autres. Et si un projet échoue, ce sera mon nom et ma photo dans les journaux pour assumer les erreurs, les miennes, celles des autres.

J'assume mon aversion pour le micro-management, j'assume mon désintérêt pour le fait de savoir si vous êtes en télétravail depuis Cahors ou au bureau, tant que le job est fait. Dans la même veine, j'assume mon ignorance : je n'ai pas à être informé en temps réel de tout partenariat, de chaque événement que l'on soutient, j'assume la confiance que je porte aux équipes qui s'en occupent. J'assume la réduction de ma sphère de personnes de confiance en cas de crise. J'assume ma volonté de socialiser les réussites et valoriser mon équipe, car je pense travailler avec des experts de leur domaine, parmi les meilleures de ce marché.

J'assume mes convictions de progrès et de justice sociale, et je me fiche que vous m'ayez demandé mon avis, ce n'est pas un avis, c'est une conviction. J'assume ma prise de parole dans toutes les conférences, dans tous les cénacles, et j'avoue négliger d'en demander parfois la reconnaissance de paternité, parce que je pense que seul le fond compte, pas les crédits ni les remerciements.

J'assume ma vie considérée comme hors norme. J'assume ma vie avec une femme médiatique, j'assume le statut qui est parfois le mien d'avoir été le « +1 » dans des dîners à l'Élysée, ou des événements féministes, j'assume les invitations des ministres à table le week-end ou certaines soirées passées à accompagner ma femme dans des émissions de débats sur des chaînes d'info en continu. J'assume mes photos dans *Paris Match* ou sur le compte Instagram de ma compagne lors d'un atelier cuisine à Budapest si cela lui fait plaisir ou me fait plaisir. J'assume la part de fantasmes que mon couple peut générer puisque chacun semble avoir un avis précis sur le sujet.

J'assume mon incarnation singulière. J'assume ma pointe d'accent de l'Aveyron, j'assume l'école rurale du Tarn dans laquelle j'ai étudié, j'assume mes parents communistes. J'assume ma préférence pour régler les conflits autour d'une bonne entrecôte ou d'un babyfoot plutôt que sur les réseaux sociaux, j'assume penser qu'on peut toujours s'expliquer les yeux dans les yeux. J'assume le choix du temps passé à discuter, délibérer, débattre, même si cela doit prendre des heures, car j'aime que tout le monde ait pu s'exprimer. J'assume ma confiance dans les gens. Je ne suis pas naïf, mais je suis confiant. J'assume ma foi en la parole donnée, la mienne – jamais à la légère – et celle des autres.

Chapitre 8

La carte et le territoire de l'expression

Le président d'une grande mutuelle est amené à prendre la parole en son nom mais aussi et surtout au nom de sa marque, de ses équipes, de ses adhérents. Peut-il parler de tout (et avec tout le monde) ? A-t-il le droit de s'exprimer au MEDEF plutôt qu'à la Fête de l'Humanité (ou vice versa) ? Dans quelles émissions de télévision peut-il aller, et pour dire quoi ? Qui engage-t-il ?

Un président doit-il s'exprimer ?

Rien n'oblige un président d'entreprise à s'exprimer. Certains, d'ailleurs, ne s'expriment jamais. On dirige son entreprise, elle a ses résultats, sa culture et ses objectifs, elle rend service et on pourrait en rester là. Mais je ne vois pas mon rôle comme celui du président d'une entreprise de prestation de services qui se contente de délivrer le meilleur service au meilleur coût. Notre histoire, notre collectif et les causes que l'on défend nous incitent à prendre la parole et m'obligent, au sens premier du terme, à prendre la parole, ce qui n'est pas pour me déplaire.

Figurer sur une photo m'importe peu, je n'y trouve aucune satisfaction et ce n'est pas l'objet de mon combat. En revanche pour prendre la parole, je ne passe pas mon tour. Et pas uniquement par plaisir. Dans un monde concurrentiel où tout est comparé, la parole du dirigeant a aussi de la valeur. Dans une entreprise, il y a une fierté à entendre le président s'exprimer dans les médias, de voir son nom dans des articles, tout comme c'est une fierté de voir les publicités de la mutuelle à la télé par exemple.

Les médias sollicitent les patrons. Au-delà de mon plaisir personnel, je pense que c'est une vraie valeur ajoutée pour une marque que de pouvoir incarner ses positions. À la MGEN, qui cultive le collectif, cela ne va pas toujours de soi, comme si une personne voulait s'arroger la parole d'un collectif. Je suis donc là aussi pour valoriser les réussites de l'entreprise, les faire connaître et les partager, tout comme mes convictions, que je tiens à défendre en personne. En tant que militant, cela fait partie de mes combats. Je l'ai fait concernant le débat sur la fin de vie, l'ESS, la laïcité, la santé des femmes, etc. Je pense que dans un monde ultra concurrentiel, ce qui vous fait choisir un baril de lessive plutôt qu'un autre, c'est que vous le pensez plus respectueux de l'environnement, qu'il sent bon, qu'il est moins cher et plus efficace, etc. Entre deux complémentaires santé qui font le même métier d'assurance, il existe malgré tout des différences. Une forme de *storytelling* qui, s'il est fait avec sincérité, permet de marquer des points !

Où prendre la parole

En 2023, j'ai été invité à la REF (Rencontre des entreprises de France) du MEDEF à Montpellier et à la Fête de l'Humanité. J'ai reçu à la fois des messages me disant que j'étais vendu au grand capital et d'autres au PC et aux Staliniens. La ligne de crête est ténue…

Finalement, c'est comme si on réduisait la prise de parole du dirigeant dans l'espace public à l'entre-soi : ne parler qu'à ceux qui pensent qu'on leur ressemble, avec des gens fréquentables et d'autres non, des organisations à valoriser et d'autres à fuir. Je pense qu'on se trompe. Quand on est fier de son histoire, sûr de ses valeurs, et confiant dans les idées que l'on porte, alors on ne doit pas craindre le débat d'idées, et surtout pas de les exposer devant l'adversité. Je ne serai jamais pour le repli sur soi.

C'est certes confortable de se tenir chaud mais à ce confort-là succède l'inconfort, celui d'être isolé. C'est pour cela que j'accepte d'intervenir partout où j'estime que c'est utile, du MEDEF à la Fête de l'Huma en passant par l'ONU !

J'ai eu l'opportunité d'intervenir aux Nations unies pour contribuer à l'adoption d'une résolution sur l'économie sociale et solidaire au sein de la délégation ministérielle française. Ce fut une expérience incroyable que d'intervenir devant les représentants d'autres pays pour défendre ses convictions et une représentation de l'ESS. Je n'aurais laissé à personne d'autre le soin de le faire à ma place, parce que j'en avais envie mais aussi parce qu'en tant que président, c'est aussi mon rôle de porter ce message et ces convictions.

Mais prendre la parole ne se limite pas à l'espace public ou médiatique.

Un rendez-vous ministériel est aussi une prise de parole officielle, dans un lieu particulier et avec un but précis. J'en ai fait beaucoup, avec de nombreux ministres, sur de nombreux sujets. Parfois très longs, parfois très courts et parfois inattendus. Je me souviens de mon deuxième rendez-vous avec Pap Ndiaye, alors ministre de l'Éducation. Il devait me recevoir en fin de journée et, alors que je patientais dans la salle d'attente, mon audience a été repoussée à deux reprises car il avait une conférence de presse sur un sujet sensible qui s'éternisait.

J'ai finalement été reçu vers 19 h 30 et je n'ai absolument pas parlé des sujets qui m'avaient amené à solliciter cette rencontre. Je me suis retrouvé face à un homme fatigué de sa journée, qui m'a proposé de prendre une bière et nous avons discuté une heure durant de l'école, de nos parcours respectifs. Ces rencontres font aussi partie de la prise de parole du président car elles conditionnent la manière dont se passeront les rendez-vous à venir. Elles créent une relation et permettent de parler de son entreprise même de manière moins formelle.

Lorsque vous sollicitez une audience avec un ministre, il ne fait aucun doute que vous avez soit un message à faire passer, soit une demande à formuler. Mais si le ministre vous reçoit, c'est qu'il en retire lui aussi quelque chose. Soit vous faites partie de son écosystème, alors il vous considère et vous accorde son attention. Il ne vous reçoit pas alors pour vous-même mais pour ce et ceux que vous représentez. À travers moi, il reçoit les 4 millions d'adhérents de la MGEN. Les ministres savent que, si demain nous décidons de faire passer un message à ces millions d'adhérents, cela peut jouer en leur faveur ou en leur défaveur. Soit vous touchez une de ses convictions, alors vous devenez un allié. Par votre action ou celle de votre organisation, vous servez une politique publique. Les rendez-vous ne sont jamais à sens unique. Ils sont réussis lorsqu'ils servent des intérêts communs qui dépassent l'entreprise et le gouvernement : comment améliorer l'accès à la santé de toutes et tous ?

D'une manière générale, lorsque vous êtes président, les *off* n'existent pas. Que vous soyez dans une situation informelle ou pas, votre parole est toujours considérée comme la parole officielle de l'entreprise. Vous n'avez pas de répit et on retiendra ce que vous aurez dit comme un engagement. Rien ne me dérange, je suis prêt à débattre de tout et avec tout le monde. Je suis simplement attentif à ne pas être la caution de quelque système dans lequel je n'ai pas ma place. Je n'irais pas, par exemple, dans des émissions de divertissements entre la blague à Toto et un imitateur du dernier influenceur. Je ne suis pas troubadour. Je n'ai rien à gagner à participer au tir au pigeon permanent, j'aime faire des vannes mais pas gratuitement, ni pour me moquer, ni pour dénigrer les autres. J'aime le débat de fond, pas le clash pour le clash. Je n'ai jamais cherché à créer un buzz autour de différends, je préfère gérer mes désaccords dans une pièce avec une porte fermée. J'aimerais défendre mes convictions dans une émission où les gens seraient là pour discuter, pas pour avoir raison. Or de plus en plus souvent, on étale ses certitudes, sans contradiction, sans droit de réponse. Je ne vois pas ce que ma parole de président de la MGEN viendrait apporter. Et je ne vois pas ce que participer à une telle émission apporterait à mon entreprise.

Le président super porte-parole ?

La parole de l'entreprise peut être portée par différentes personnes. Nous avons à la MGEN des vice-présidents et des administrateurs de talent, un comex solide avec des cadres dirigeants compétents. Pourtant, à certains moments, c'est le patron que l'on attend. Si ce n'est pas lui qui vient, l'hôte va se vexer ou considérer qu'il n'est pas estimé comme un sujet de rang 1. La présence du président témoigne du crédit et de l'intérêt porté à telle ou telle manifestation. Et c'est bien le problème, quand vous êtes sollicité de toutes parts, de devoir arbitrer et parfois refuser... Dans certains cénacles comme le MEDEF, le mouvement des chefs d'entreprise, et dans toutes les représentations gouvernementales ou internationales, il paraît logique que le président prenne la parole. Pour les autres interventions, je suis clair : quiconque est mandaté pour intervenir au nom de la MGEN peut le faire. Je ne suis pas favorable au monopole du président. Pour peu que l'on soit cadré en amont sur la ligne à tenir, je suis très à l'aise avec l'idée de partager la parole.

En tant que porte-parole, ou même patron, on est amené à rendre compte de de projets portés par d'autres. On en est le messager. Quand le président doit écrire des messages, il fait partie intégrante du message. C'est primordial d'écrire mes discours moi-même. Je le fais parfois avec l'aide de mon cabinet, mais toujours sur la base de mes éléments, de mes convictions. J'aime mettre du rythme dans mes discours, j'aime retrouver des propos, une cohérence sur le temps long. Je ne suis pas là pour lire les mots ou les idées d'autres, je ne vais pas les adopter parce qu'elles seraient plus confortables. J'aime en revanche me faire challenger, échanger avec des membres de mon équipe, avec ma compagne : tous les conseils sont bienvenus, j'accepte la critique. Je considère qu'un discours, c'est la rencontre entre ce que l'on veut dire et ce que les gens ont besoin d'entendre. En tout cas, même si je sollicite des avis, je suis l'entrée et la sortie du discours. À l'entrée, mes convictions. Au milieu, du travail avec mes proches, des échanges, des répétitions. À la sortie, « seul le prononcé fait foi », selon l'expression, et je me targue de savoir bien sentir les publics pour ajuster mon propos.

Que ce soit pour défendre des engagements que j'ai fait voter à la MGEN ou pour affirmer notre position sur un marché, les orientations viennent de moi. Sur la stratégie de développement de l'entreprise, je ne suis pas porte-parole, par exemple, puisque que je les ai impulsées. C'est moi qui ai porté l'idée qu'il valait mieux d'avoir 80 % de chances d'obtenir 40 % d'un marché plutôt que 10 % de chances d'en avoir la totalité, en affirmant qu'il fallait faire de nos concurrents des partenaires. C'est donc un véritable engagement pour moi que de défendre avec mes mots ma stratégie. Pour le meilleur ou pour le pire.

*

Matthias Leridon est président de Tilder, il accompagne les grands dirigeants dans leur stratégie de communication et d'influence depuis plus de trente-cinq ans.

Matthias Leridon, quelles sont les différences d'incarnation dans les prises de paroles entre un homme politique et un dirigeant ?

« Tout leader se pose un jour la question de son "incarnation". Ce qu'il incarne, ce qu'il souhaite incarner, ce que les autres perçoivent de ce qu'il incarne ou de ce qu'il n'incarne pas ou plus ?

Il n'y a évidemment pas de règle absolue, mais il me semble qu'il existe trois différentiels d'incarnation entre une personnalité politique et un ou une dirigeant(e) d'entreprise.

Le premier est plein de bon sens : c'est celui du différentiel "de nécessité d'incarnation publique". Les électeurs ne votent en général pas un ou une inconnu(e) – quoique la conjonction temporelle des élections présidentielles et législatives ait un peu remis en cause cette affirmation. Mais, en général, une personnalité politique a besoin d'une incarnation publique pour convaincre ses électeurs et se faire élire ou réélire... Cette nécessité est en même temps un garant démocratique car c'est ce qui permet à l'élu d'assumer sa responsabilité devant ses électeurs. Les dirigeants d'entreprise, eux, n'ont pas forcément besoin de cette incarnation publique. Combien de personnes sont à même de citer le nom de dirigeants d'entreprises du CAC 40 ? Or cette "non-incarnation" publique ne les empêche en rien de gérer et d'incarner au mieux l'entreprise qu'on leur a confiée auprès des publics qui sont importants pour eux. Être incarné publiquement pour un dirigeant n'est utile qu'à certains moments précis qu'il faut d'ailleurs préparer en permanence en "gérant le silence" car l'incarnation publique est un tsunami quand il touche un dirigeant non préparé.

Le deuxième différentiel, c'est celui du territoire d'incarnation. Si un élu se doit d'incarner l'intérêt le plus général, le dirigeant a pour mission de représenter un collectif plus limité, celui de son entreprise, de ses actionnaires et de ses parties prenantes. L'incarnation a donc des limites très différentes entre dirigeant et élu.

Enfin le troisième est lié au "risque de sur-incarnation". Ce risque touche beaucoup plus le dirigeant que la personnalité politique. Si un ou une élu(e) n'est jamais "trop" incarné, un ou une dirigeant(e) peut l'être. Plus une personnalité politique est incarnée, plus on connaît ce qu'elle est, son projet et où elle propose d'emmener ses électeurs. En revanche quand le dirigeant est sur-incarné, il devient starisé, il incarne plus ce qu'il est que le collectif qu'on lui a confié et il tombe alors dans le piège de cette sur-incarnation. Un dirigeant doit toujours veiller à être au service de son entreprise et non pas à se servir de son entreprise.

Finalement, dirigeant d'entreprise ou élu, ce qui compte le plus dans l'incarnation, c'est la sincérité. Car sans sincérité, l'incarnation devient un révélateur de mensonges qui coûte toujours très cher... publiquement ! »

*

Faire une croix sur X au nom des valeurs mutualistes et de l'économie sociale et solidaire

Partir ou rester ? Vous l'aurez compris à la lecture de ce chapitre, je fais partie des dirigeants qui estiment qu'un patron doit s'exprimer. Ceci étant, faut-il partir ou rester sur X ? C'est la question qui a agité un certain nombre de leaders progressistes, qu'ils soient entrepreneurs, politiques, ou intellectuels. Le monde de l'économie sociale et solidaire a, peu à peu, décidé de quitter X. À titre personnel, cela fait des années que je n'y étais pas allé. Je n'avais même plus les codes de mon compte. Mais un choix personnel n'est pas un choix que l'on impose à l'entreprise que l'on dirige. Partir ou rester ? Laisser l'espace aux algorithmes d'Elon Musk ou répondre à des bots toute la journée ? Nous avons apporté une réponse collective : partir.

Twitter a été une révolution, un outil utilisé par des peuples qui ont défié des autocrates. Il a bouleversé l'accès à l'information, devenant le lieu des témoignages directs, des rumeurs naissantes. Ce qui se passait dans le monde était partagé en premier sur Twitter.

Puis la plateforme est devenue un espace d'échanges, de débats, de partage… et aussi d'invectives. Quiconque ouvre un compte sur cet espace est à portée de tweet. Cela a permis des interactions inédites, une pression nouvelle de l'immédiateté pour les personnes publiques et les entreprises qui s'y sont installées, et une grande libération de la parole violente, instrumentalisée souvent par des groupes aux intentions peu avouables, et non souhaitables.

Pour toute personne morale, publique ou privée, la question se pose sérieusement d'encourager l'existence de ce qu'est devenu Twitter – désormais X – en y conservant un compte. Partir signifie se couper d'une communauté de diffuseurs et d'une sphère d'influence. Rester, c'est s'efforcer de regarder ailleurs en pensant qu'il suffit de diffuser des contre-messages pour ne pas cautionner les dérives d'un réseau dont nous sommes nombreux à ne plus reconnaître les valeurs de départ.

Pour décider s'il faut partir ou rester sur X, réfléchissons en mutualistes

La valeur fondamentale d'une mutuelle c'est « 1 personne = 1 voix ». Cela signifie que, sur un principe d'égalité, toutes les voix sont importantes, donc respectables et respectées. Nos instances démocratiques permettent à toutes les sensibilités d'être représentées – les mutuelles comptent parmi les derniers lieux où se cultive l'altérité.

Les différents points de vue s'y expriment, se croisent, se complètent. Le respect de toutes les opinions est primordial et ne rentre pas en contradiction avec l'impératif de faire fonctionner ce projet commun qui est la protection sociale de tous les adhérents, et l'émancipation de toutes et de tous.

Elon Musk (le président de X et membre du gouvernement de Donald Trump) clame le droit à la liberté d'expression. Très bien. Mais pour qu'une liberté d'expression soit possible, encore faut-il que toutes les voix aient une légitimité. La plateforme X est devenue un lieu où il n'est plus question de débattre mais uniquement d'avoir raison.

Quand Elon Musk insulte le chancelier allemand dans un tweet, lorsqu'il encourage le mouvement MEGA (Make Europe great again) et soutient les listes d'extrême droite, il exacerbe tout sauf la liberté d'expression.

Quand plus aucune modération ne vient sanctionner l'expression de la haine raciste, antisémite, LGBTphobe et misogyne, la liberté d'expression des opinions qui contribuent au débat n'est plus possible.

Être en cohérence avec les valeurs de l'économie sociale et solidaire

En tant que président de la première mutuelle des agents du service public, qui accueille et protège celles et ceux qui ont à cœur l'intérêt général, je ne peux pas regarder ailleurs. Je crois fondamentalement qu'on ne peut pas se réclamer de l'économie sociale et solidaire et ne pas s'interroger sur le maintien d'une présence sur le réseau d'Elon Musk.

Est-il normal que le niveau de violence sur cette plateforme soit un mal nécessaire pour garder un lien avec une entreprise ou un service public, au mépris de l'impact sur sa santé mentale ? Non.

Est-ce qu'une entreprise doit impérativement être sur les réseaux sociaux ? Une plateforme (ou un autocrate) n'a que le pouvoir qu'on accepte de lui confier.

Est-ce que les conditions sont actuellement réunies pour y faire valoir notre point de vue sur les grandes causes sociales, sociétales, humanistes, universalistes qui nous animent ? Non. D'autres cadres, d'autres manières de faire débat existent et n'impliquent pas ce niveau permanent d'animosité. Quitter X ne signifie pas fuir le débat, c'est refuser les conditions dans lesquelles il s'exerce, ou plutôt tente de s'exercer.

Enfin, sommes-nous à l'aise avec l'idée d'apporter du flux à une plateforme qui accepte les publicités pour des sectes, qui sert de tremplin à toutes les fake news, et in fine va servir de porte-voix à celles et ceux qui veulent fragiliser l'Europe dans un contexte de nouvelle guerre économique ? Pas du tout.

Être mutualiste c'est avoir en aversion la violence, l'humiliation, la domination de quelques-uns sur tous les autres. C'est également penser en termes de prévention des risques. Au-delà des dangers pour la démocratie, la manière dont fonctionne X aujourd'hui affectera forcément la santé mentale de ses utilisateurs. Être sur X signifie s'exposer volontairement à sa toxicité.

C'est pourquoi, en mutualiste, j'ai décidé d'agir en cohérence avec nos principes et engagé la MGEN dans un retrait de X.

À l'instar de la voie sur laquelle la MGEN s'engage aujourd'hui, je plaide pour une suspension de l'activité des entreprises de l'économie sociale et solidaire sur ce réseau. Agissons en militants d'une liberté d'expression responsable, respectueuse de chacun, et qui contribue au débat. Une liberté d'expression qui n'exacerbe pas les quant-à-soi et qui prône l'intérêt général.

Chapitre 9

Le dirigeant face à lui-même et face aux autres

La solitude du dirigeant est une réalité souvent méconnue. Avant d'occuper ce rôle, on peut se permettre de « faire le malin », d'avoir des opinions tranchées, de critiquer sans que cela porte à conséquence. Mais une fois à la tête d'une organisation, la donne change radicalement. Le dirigeant porte le poids des décisions, c'est son nom et son visage qui se retrouvent dans les journaux. Peu importe les circonstances, il doit assumer la responsabilité, même si les enjeux dépassent largement ses seules décisions. Cette solitude est amplifiée par l'isolement souvent inhérent à la fonction : une fois en haut de la pyramide, il y a peu de personnes avec qui partager ses difficultés. Les collaborateurs attendent des solutions, mais n'ont pas forcément la même vision d'ensemble. En période de crise, la pression est immense car chaque choix peut être décisif. Et l'opinion publique jugera le dirigeant. Cette charge de responsabilité, difficile à partager et parfois incomprise, rend la fonction de dirigeant si exigeante et solitaire.

L'amitié dans l'entreprise est-elle possible pour un dirigeant ?

Je suis président et j'ai des amis. J'ai été aussi administrateur et je portais une amitié sincère et une admiration au président. Pour autant, j'espérais aussi qu'il pense à moi s'il avait des responsabilités à confier à quelqu'un. Il me semble qu'il était aussi utile pour lui de pouvoir me faire confiance. Mais je ne suis jamais devenu l'ami de quelqu'un dans un but intéressé. La relation amicale au travail m'a toujours semblé importante.

Devenu président, j'avais déjà noué des relations amicales avec plusieurs des administrateurs. Nous avions passé des années ensemble, des soirées, des moments de militantisme, de confidences. Nous étions déjà proches quand j'ai été élu. J'ai choisi d'en nommer certains dans mon équipe, d'abord pour leurs très grandes compétences professionnelles, leur engagement, leur savoir-faire, leur capacité de travail et leur relationnel. Si je devais composer à nouveau une équipe, je renommerais les mêmes personnes. En revanche, je changerais sûrement mon attitude vis-à-vis d'eux. On prend plus de précautions avec les gens avec qui l'on a une implication affective. De toute évidence, on s'ajoute une difficulté quand on s'inquiète tout naturellement du soutien de ses amis alors qu'on devrait voir en eux des collaborateurs. C'est évidemment un travail à faire sur soi pour tout dirigeant, accepter que le respect doive prendre le pas sur l'affect.

On confond parfois amitié et confiance : il y a des gens en qui j'ai une grande confiance professionnelle mais pas de relation d'amitié, et inversement, des amis à qui je ne confierais pas un dossier stratégique. Pour moi, il est fondamental d'être au clair sur les raisons pour lesquelles on nomme les gens, sans laisser l'amitié interférer sur le management.

Il est plus difficile de dire à des amis avec qui l'on travaille que l'on est mécontent. On a toujours un doute : ont-ils bien posé la limite entre l'amitié et le travail, de sorte qu'il n'y ait pas de confusion et que mes demandes professionnelles ne soient pas prises à titre personnel ? Être en capacité de pouvoir formuler un « non », en étant factuel est donc primordial pour rester efficace pour l'entreprise.

Dans les entreprises, la direction est scrutée. Or renvoyer l'image qu'un groupe d'amis se partage le pouvoir crée des espaces pour la critique.

Quand j'ai été élu, je trouvais primordial d'être proche de tout le monde. C'était mon rôle dans mon poste précédent de responsable du réseau. Mais dans ce nouveau poste, c'était une mauvaise idée. Je préfère considérer que je suis accessible professionnellement, dans un certain cadre. Dans l'absolu, tout le monde aurait envie ou besoin de me parler tous les jours… Certains se disent aujourd'hui « Matthias était proche de nous, il l'est moins depuis qu'il est président ». Comme si j'avais pris la grosse tête, en somme. Ce n'est pourtant pas le sujet. J'ai juste aujourd'hui des responsabilités chronophages qui nécessitent de la concentration, ce qui est incompatible avec le fait de prendre le standard pour répondre à chaque demande personnellement. Je suis proche, accessible, mais peu disponible. Cela induit un tri nécessaire dans l'urgence des demandes. Et cela ne signifie pas que je n'éprouve pas d'amitié ou d'affection pour tel ou tel militant MGEN, bien au contraire ! Je me sens lié personnellement avec chacun d'eux, par une histoire commune, des engagements communs, des combats communs.

Dans ce contexte, évidemment, l'amitié est précieuse. Je compte sur mes amis pour rester à mes côtés et me soutenir. Je me demande aujourd'hui, en tant que dirigeant, ce que j'attends d'eux. De la loyauté, déjà. Cela me semble être la base de tout. Quand Thierry Beaudet était président, en tant qu'ami, je n'aurais jamais pris parti contre lui publiquement dans une réunion, par exemple. Inversement, bien qu'il soit aujourd'hui un personnage important de la vie publique du pays en tant que président du CESE (Conseil économique, social et environnemental), il me soutient toujours et on continue d'échanger. Je sollicite souvent son point de vue.

J'ai souvent dit que je comptais sur mes amis pour me dire les choses franchement, y compris dans les désaccords. C'est une demande à prendre avec parcimonie : je compte surtout sur mes amis pour ne pas ouvrir des espaces de critique ou des brèches publiques. J'attends d'eux qu'ils me rendent la délicatesse et la loyauté dont je fais preuve envers eux. Il est surprenant de constater qu'on s'impose parfois une règle d'amitié que l'autre ne s'impose pas en retour. Je crois au face-à-face dans l'expression des doutes.

Il existe autour de chaque dirigeant un phénomène étonnant : une « cour » s'installe. Le patron est une source d'intérêt pour tout le monde, on recherche à attirer son attention, à retenir son intérêt, à obtenir sa reconnaissance. Cela a un côté touchant, même si cela donne lieu à des spéculations sur les collaborateurs qui naviguent dans les cercles proches. Parfois, certaines personnes cherchent à capter l'attention du dirigeant, non pas pour lui-même mais parce que c'est valorisant de dire que l'on est proche de lui, qu'on le tutoie, qu'on l'appelle par son prénom, qu'il nous écoute. Cela donne de la consistance à ses propres projets. Et la réalité est souvent bien différente de ce que chacun se laisse raconter.

Être aimé ou respecté, telle est la question

On a déjà évoqué mon arrivée à la présidence, particulièrement mouvementée. Dans un tel contexte, j'avais besoin d'être aimé dans mon activité professionnelle. Je ne me suis pas senti totalement rassuré en arrivant, j'ai compensé par un besoin d'affection de la part de mes équipes. Je ne trouvais pas forcément cette réassurance dans ma vie personnelle, aussi j'attendais une sorte de compensation affective dans le cadre professionnel.

En réalité, je voulais juste trouver ma place après une période rude pendant laquelle j'ai été bousculé par ceux qui ne m'avaient pas soutenu.

C'était une erreur, et un leurre de penser que tout le monde va vous aimer. Aujourd'hui, je me rends compte que j'ai voulu compenser mon besoin de légitimité par une envie d'être aimé, alors que ce n'était pas ce que je devais chercher. Aujourd'hui, j'éprouve le besoin d'être considéré plus que d'être aimé. Je ne cherche plus l'approbation et encore moins l'affection.

Je m'accommode très bien du fait que tel ou tel ne m'aime pas dans ma vie professionnelle. Le regard des autres ne me définit pas, chacun a le droit de ne pas aimer mon style ou mon action. Pour d'autres raisons, je suis d'accord avec l'adage « je me méfie des gens qui m'aiment sans me connaître car un jour ils me détesteront pour les mêmes raisons. » Ces gens aiment une image de vous qu'ils ont créée eux-mêmes, un mirage, et peuvent être déçus par ce que vous êtes vraiment. J'ai envie d'être aimé pour ce que je suis dans ma vie personnelle et respecté pour ce que je fais dans ma vie professionnelle.

Un dirigeant guidé uniquement par l'envie d'être aimé représenterait un danger pour l'entreprise. Si on pousse cette logique à l'extrême, il ne relèvera pas les résultats insuffisants, ne critiquera jamais personne, et négligera son rôle de patron. Ce serait démagogique et irrespectueux. Fermer les yeux sur les erreurs commises permet pas de grandir.

Ne faites pas la leçon, donnez l'exemple

Je ne suis pas un exemple. Je revendique le droit à l'erreur, le droit d'être agacé. Je peux voter une limitation des déplacements en avion, mais partir en week-end en avion la semaine d'après, parce que j'en ai marre et que j'ai envie de partir en famille. Je ne suis ni une machine ni un robot, parfois je m'en fous, parfois j'ai envie de faire autre chose.

On dit souvent : « Ne faites pas la leçon, donnez l'exemple. » Mais je n'aspire pas à être exemplaire. Je ne peux ni ne veux l'être. Je cherche à être juste. Juste avec les autres, aligné avec moi-même. Je revendique le droit de vouloir claquer la porte parfois parce que des choses m'ennuient. Il est aussi important que je me sente bien pour prendre des décisions. Si je suis miné et rongé, je ne suis pas sûr que je ferais les meilleurs choix. Chacun bâtit son équilibre pro/perso comme il le sent. Mais ça, c'est la théorie, et comme le dit l'adage : « On peut tous aller vivre en théorie, parce qu'en théorie tout se passe bien. »

Il ne faut pas boire mais parfois j'ai envie de prendre un cinquième cocktail, il ne faut pas prendre l'avion mais parfois, au bout de la huitième réunion, j'ai envie de partir à 2 000 kilomètres de tout, seul avec ma compagne. Oui, parfois je suis fatigué, surtout quand ma semaine est ponctuée de trois déplacements en province, d'un conseil d'administration, d'une conférence (que je préside) stratégique en comex du groupe VYV avec des enjeux qui s'élèvent à plusieurs millions d'euros. J'ai parfois besoin de me recentrer.

La charge mentale du dirigeant

Un patron est quelqu'un de seul. Il prend souvent des décisions dans la solitude et il en vit seul les conséquences. C'est un vrai paradoxe. On voit toujours des images de dirigeants entourés, souvent souriants, signant des contrats ou des conventions, serrant les mains de partenaires ou célébrant des victoires. Ce n'est pas la réalité du quotidien. Il y a de longs déplacements, des réveils qui sonnent à 5 heures du matin, des retours chez soi après minuit, des déjeuners sautés parce que la réunion du matin a débordé et la réunion de l'après-midi a été avancée, des déjeuners seul parce que parfois on est préoccupé par des enjeux graves et qu'on n'a pas envie de plaisanter sur son dernier week-end avec des collègues, des grands moments de doute : ai-je pris la bonne décision ? Suis-je vraiment soutenu ? Quelles conséquences cela aura-t-il pour la suite ? Même si la décision est parfois l'aboutissement d'une réflexion collective, le dirigeant est personnellement – et pénalement – responsable. Des nuits d'insomnie à s'interroger, des soirées où l'on dit à sa compagne : je te rejoindrai après le dîner, des week-ends où l'on reste à proximité parce qu'en cas de crise, mieux vaut être là, etc.

Le dirigeant est seul parce qu'il doit souvent prendre position, souvent en interne, souvent sur des sujets difficiles et engageants. Racheter ou pas cette structure à 160 millions d'euros ? Comment rebondir après la perte d'un marché public ? Comment surmonter une crise de gouvernance ? Auprès de qui communiquer sur la réussite économique de cette année ? Quand recevoir les syndicats pour étudier leurs demandes structurelles ? Ces questions tournent en boucle avant de s'endormir le soir.

Au milieu de ce tourbillon, on fait face à des attaques parfois totalement déplacées, presque risibles, eu égard à l'importance des enjeux que l'on traite. Avoir un agenda de patron, c'est ignorer ce que rentrer chez soi à 17 heures pour une activité en famille signifie, c'est renoncer à s'inscrire à un club de basket parce que l'on n'a aucune certitude que l'on pourra tenir le 20 h-22 h chaque mercredi. C'est ne jamais prendre de télétravail puisque tout le monde veut vous voir, que rien ne peut se faire à distance ou presque. C'est aller travailler malade, contrarié, quand on traverse une épreuve, un incident de santé pour soi ou pour ses proches. Tout signe de faiblesse du dirigeant serait interprété comme un signe de faiblesse de l'entreprise. C'est donc inenvisageable.

Diriger, c'est surtout garder tout cela pour soi, ne pas pouvoir partager ses interrogations avec son équipe. « Aucun dirigeant de boîte ne va aller dire à son vice-président ou à son numéro 2 “en ce moment j'ai des doutes, je pense que ma stratégie n'est pas si bonne…” », m'a dit un jour un dirigeant de cabinet de conseil. Pourquoi ? Parce qu'immédiatement, son numéro 2 se demandera comment se positionner pour la suite. Les dirigeants sont parfois accompagnés par des coachs, des cabinets de conseil en stratégie, des experts extérieurs, etc. Ce n'est pas tant que toutes ces personnes auraient des visions que le dirigeant n'aurait pas eues. C'est surtout qu'elles offrent une opportunité de faire un ping-pong intellectuel, d'exposer des doutes, de verbaliser des incertitudes, de discuter des inconforts.

Quand j'ai une contrariété professionnelle, des doutes face à une situation, ou besoin de réfléchir à ma stratégie, je me confie, sous le sceau du secret, à une poignée de personnes. D'abord, il serait faux de dire que je dirige seul le groupe MGEN : nous formons un binôme de confiance avec le directeur général, Fabrice Heyriès. Je pense que nous nous estimons mutuellement, et nous savons pouvoir compter l'un sur l'autre. Dans les moments difficiles, on se contacte toujours en priorité, pour échanger sur les enjeux de l'entreprise et décider ensemble de la conduite à tenir.

Si je suis touché par un problème personnel, en dehors des problèmes de la mutuelle bien sûr, c'est à ma compagne que je m'adresse. Je compose son numéro de téléphone plusieurs fois par jour, elle est la première et la dernière personne avec qui je parle dans ma journée. Il s'avère que ce n'est pas n'importe qui. Elle a présidé des associations pendant des années, elle a été ministre pendant près de sept ans, elle a traversé des crises politiques importantes auprès du président de la République et elle conseille aujourd'hui des dirigeants dans leurs stratégies. Elle sait mener un débat sur un plateau de télévision, elle le fait chaque semaine, mais aussi agir en leader pour une cause. Elle peut anticiper ce qui se produira. Si elle était fleuriste, j'adorerais ses bouquets, mais je ne lui demanderais peut-être pas son avis sur ma situation stratégique. C'est surtout la personne qui me soutient tous les jours, elle porte un regard distancié sur les choses qui m'aide à décaler le mien. Ses analyses sont toujours fines, et je sais qu'au-delà de tout cela, c'est d'abord à mon intérêt, à ma santé et à mon bien-être qu'elle pense. C'est la seule et unique personne qui peut à la fois porter un regard macro, en grand angle avec tous les paramètres, une connaissance fine des stratégies à mettre en place, mais qui n'a qu'un seul intérêt en tête : le mien. Elle ne veut pas ma place, elle n'attend aucun contrat de moi.

Il m'arrive de me confier à un ami qui dirige un cabinet de conseil en stratégie. Paradoxalement, en dehors de ces personnes, je n'en parle pas à ma famille, je ne veux pas inquiéter mes parents, par exemple. En revanche, je peux contacter, en dehors de mon cercle intime, des personnes dont je sais qu'elles sont compétentes, fiables et de confiance. Il m'est arrivé de solliciter une personne de mon écosystème qui n'était pas impliquée directement dans les enjeux de l'entreprise pour avoir un regard extérieur sur la situation. Être bien entouré, c'est précieux.

Dans mon cercle de proches dans l'entreprise, on trouve les membres du Bureau national, et des administrateurs de grande expérience et de talent. Si ce n'est pas à eux que je vais me confier en premier lieu quand je suis ébranlé, ce n'est en aucun cas par manque de confiance ou en raison de doutes sur leurs qualités professionnelles. Comme moi, ils manquent également de recul et de neutralité car ils sont autant impliqués sur le sujet en cours. Et surtout, lorsque je rencontre des problèmes, je ne veux pas les inquiéter. En revanche, sur la plupart des sujets, le comité exécutif est l'instance qui permet de trouver des solutions, arbitrer et décider. Je me permets aussi parfois d'appeler des administrateurs avec qui j'ai un lien qui permet un échange libre et en confiance.

C'est n'est pas possible dans un collectif, quel qu'il soit, resserré ou non, d'avoir la même relation avec tout le monde. Choisir son entourage est essentiel. Mais parfois, c'est l'entourage qui nous choisit. Ces dernières années, j'ai souvent été agréablement surpris par des personnes. Un administrateur que je trouvais silencieux et qui m'adresse un e-mail pertinent sur la situation. Un militant éloigné géographiquement du siège qui prend des nouvelles autant qu'il en donne. Une ancienne salariée qui sait à quel moment manifester sa présence. Il n'est pas toujours facile de savoir qui solliciter et sur quoi. Tout dirigeant a envie de paraître sans faille, sûr de lui, comme s'il avait la science infuse. Mais j'ai toujours été preneur des analyses et des avis tant qu'ils sont constructifs. C'est mon seul critère. Je suis moins preneur de ces avis dont on ne manque pourtant jamais, du style « Tu aurais dû faire comme ça » une fois les choses faites, bien évidemment.

Un ami trader m'a dit une fois : « Tu sais, quand on engage des millions d'euros tous les jours en appuyant sur un simple bouton, au bout d'un moment, il faut se dire que ce n'est pas de l'argent, que c'est comme un jeu vidéo, comme des vaisseaux, sinon tu deviens fou, tu croules sous les responsabilités. » Je refuse de penser ainsi. Je crois au contraire que la responsabilité consiste aussi à affronter la réalité, à en accepter les implications. On doit avoir conscience du poids de chaque euro dans la vie de chaque personne. Mais ce faisant, la charge de la responsabilité se fait sentir fortement.

Je suis sollicité en permanence et sur de nombreux sujets : participer à telle réunion, faire un déplacement, recevoir telle personne, s'exprimer sur tel sujet, etc. comme si je n'avais pas mes propres sujets à gérer. Les gens ne comprennent pas pourquoi leurs sujets de rang 1 sont le problème de rang 17 du dirigeant et ils le prennent mal. Que souvent, tu n'as personne à qui parler de ton problème de rang 1. Cela donne des « il n'est pas à l'écoute... », alors que je suis juste en train de faire mon travail. Ce n'est pas mal considérer les gens que d'estimer que leur urgence n'est pas celle du président. C'est comme si l'on allait frapper au bureau du président d'Air France chaque fois qu'un avion ne proposait plus de poulet au menu. Pour autant, j'ai encore trop de mal à m'autoriser à mettre des stop à certaines demandes, car je suis parfois rattrapé par « c'est ce qu'attendent les gens ».

Lorsque vous faites campagne pour une élection, vous portez une vision, une projection de l'entreprise. Vous incarnez finalement une promesse. Et lorsque vous êtes élu, vous mettez tout en œuvre pour faire ce que vous avez dit en toute sincérité. Mais il y a des détails qui s'appellent la réalité, la complexité d'exécution ou bien encore les emmerdes. Et mécaniquement vous décevez toujours un peu.

On m'a remis en question avant même d'arriver à la présidence de la mutuelle, par les positions que je portais, par ma manière d'être. Je n'étais pas iconoclaste mais dès lors qu'on se dit mutualiste, on doit répondre à des critères, sur le fond et sur la forme. On attend beaucoup de vous, que vous prononciez des discours de politique générale, que vous respectiez les figures imposées. Et cela prend souvent plus de place que le programme libre.

On m'a reproché de ne pas aborder systématiquement certains sujets comme celui de la solidarité dans mes discours. Si je ne le fais pas, on finit par douter que je porte réellement cette valeur. On a besoin de se tenir chaud et on se vit comme une citadelle assiégée. Quand on propose des choses différentes, certains y voient une forme de reniement ou de trahison du passé, d'autres y voient une perspective, une projection. Personne n'a tort ou raison, mais vous assumez d'engager l'entreprise dans une direction, avec vos mots.

On m'a aussi reproché une forme de brutalité dans ma manière de faire. J'ai été le premier président à composer son équipe rapprochée. Mes prédécesseurs ont toujours travaillé avec les collaborateurs en place à leur arrivée. Personne n'avait démérité, ce n'est pas la question. Mais cela peut vous isoler dans vos positions si vous voulez faire bouger les lignes et bousculer les habitudes.

Dans une entreprise du CAC 40, les règles sont simples, vous pouvez être renvoyé du jour au lendemain et ça n'émeut personne.

Dans une entreprise de l'ESS, au motif que l'on est attentif aux personnes et que l'humain est au cœur du système, on ne s'autorise pas à pratiquer les changements que l'on pense nécessaires. Même si l'intérêt collectif prime sur l'intérêt individuel.

C'est difficile de déléguer, de faire confiance et de contrôler.

J'ai voulu, en arrivant à la présidence, mettre moins de formalisme dans la tenue des CA, plus d'horizontalités, plus d'échanges et moins d'interventions, plus de débats et moins de tirades.

Et finalement, je me rends compte avec le recul qu'il y avait besoin d'un cadre, d'un certain formalisme justement.

Je le remets d'ailleurs en place aujourd'hui.

*

Fabrice Heyriès est le DG du groupe MGEN, mon binôme côté opérationnel.

Fabrice HEYRIÈS, y a-t-il une plus-value à une organisation qui a un président exécutif et un directeur général ?

« Dans une mutuelle, tout comme dans une entreprise d'assurance, le président et le directeur général ont évidemment des rôles différents.

La force des mutuelles est cependant que le président a un rôle exécutif – on parle de dirigeant effectif – tout comme le directeur général.

Cette organisation singulière permet à ce binôme de porter efficacement leur objectif commun : développer et consolider la mutuelle.

Pourquoi ? D'abord parce que le président, qui pilote son conseil d'administration dans la prise de décisions stratégiques, le fera mieux en ayant une connaissance précise, ancrée, de l'environnement et des réalités de l'entreprise que lui assure une collaboration permanente avec le directeur général. Ensuite, le pilotage d'une mutuelle en transformation ne peut se faire que si chacun anime quotidiennement le collectif qui lui est proche, collectif militant pour le président et collectif managérial pour le directeur général, les deux devant converger sur le projet et le porter chacun auprès de son collectif ; là encore, ce n'est possible que s'ils exercent ensemble une responsabilité de proximité sur les grands chantiers. Enfin, les évolutions réglementaires exigent désormais un mode de prise de décisions partagées entre deux dirigeants effectifs pour éviter toute dérive liée à une concentration trop forte du pouvoir ; une organisation fondée sur un président effectif et un directeur général, les deux ayant des légitimités et des parcours différents, est la meilleure pour satisfaire cet objectif et créer un équilibre bénéfique à une régulation des risques efficace. »

*

Individualisme et individualité

Dans une mutuelle, comme j'ai déjà eu l'occasion de l'écrire, le collectif prime sur tout, il est au cœur de toutes les décisions. Il est à la fois une force et une protection. Une force en cela qu'il représente une capacité à produire, à faire et à porter. Cela a été le cas pour la MGEN lorsque nous nous sommes mobilisés, avec d'autres organisations de la société civile, pour faire évoluer la loi sur la fin de vie. C'est aussi une protection qui permet aux plus faibles de bénéficier de la force du collectif. C'est d'ailleurs aux fondements du principe mutualiste, qui prévoit que chacun est assureur et assuré. Quand on promeut le collectif comme principe, on a tendance à dénoncer les comportements individualistes, les quant-à-soi, les intérêts ou les ambitions personnelles, tout ce qui pourrait l'affaiblir ou en donner une image erronée.

On a souvent tendance à confondre deux notions pourtant distinctes : l'individualisme et l'individualité. L'individualisme représente l'ensemble des comportements qui favorisent l'initiative ou l'action individuelle, l'indépendance voire l'autonomie de la personne au regard du collectif ou de la société. L'individualité, quant à elle, représente les caractéristiques propres à chaque personne, ce qui fait la particularité et l'originalité de chacun. Quand l'on confond ces deux notions, cela amène souvent à nier les individualités au motif de lutter contre l'individualisme. Or un individu se reconnaît dans un collectif s'il sent son individualité reconnue et prise en compte. Et c'est un vrai sujet car souvent, au motif de ne pas exacerber ou favoriser les comportements individualistes, on a tendance à étouffer les individualités, les talents et donc parfois les idées disruptives de ceux qui pensent en dehors du carré.

*

Natacha Quester-Séméon est présidente du mouvement Jamais Sans Elles qui engage les dirigeants à refuser les prises de paroles lors d'événements qui ne donnent pas le micro à au moins une femme.

Natacha Quester-Séméon, les dirigeants hommes sont-ils légitimes pour s'exprimer sur les questions qui concernent les femmes ?

« Les hommes sont légitimes pour s'exprimer dans la mesure où ils sont actifs en la matière et que leurs paroles et leurs actes sont alignés.

Pour faire progresser l'égalité professionnelle (et plus largement la responsabilité sociétale des entreprises), l'engagement des dirigeants et des comités de direction des entreprises est indispensable. L'immense majorité de ces dirigeants sont des hommes et sans eux rien ne peut avancer. Il faut donc qu'ils montent en compétence sur ce sujet afin de comprendre que l'égalité est un enjeu éthique et de justice sociale (accorder à chacun et chacune des chances égales) pour les femmes et les hommes, c'est une question de dignité humaine. Et aussi un enjeu stratégique de performance économique, que ce soit dans le privé ou le public. Les entreprises ne peuvent se priver de 50 % des talents.

Ces dirigeants doivent définir un cap. Si les objectifs fixés ne sont pas portés au plus haut niveau et avec une réelle conviction, il ne peut y avoir la force, le soutien et les moyens pour mener les transformations nécessaires et appliquer les plans d'action qui doivent impliquer plusieurs directions au sein des structures. C'est quand les hommes comprennent que l'égalité est un sujet qui les concerne, au niveau personnel et professionnel, que les engagements et actions peuvent avoir un impact et deviennent ainsi des alliés.

Il faut aussi agir avec détermination et au long cours pour avoir des résultats qui peuvent mettre cinq ans ou plus pour apparaître. Il faut enfin de la pédagogie et chercher l'équilibre, pour éviter la "*gender fatigue*" ou la "*diversity fatigue*" qui crispent les mentalités et freinent la dynamique.

La force du mouvement français #JamaisSansElles, qui a été fondé par trois femmes, Tatiana Faria-Salomon, Laurence Parisot et moi-même, et une vingtaine d'hommes entrepreneurs et dirigeants, est d'avoir promu un féminisme universaliste et humaniste qui propose aux femmes et aux hommes d'unir leurs forces. Notre champ d'action : le monde professionnel et maintenant l'éducation.

Pour #JamaisSansElles, il faut plus que de la visibilité : à compétences égales, responsabilités et salaires égaux. Et aujourd'hui, sur les 3 000 dirigeants signataires de notre charte dans les entreprises et institutions, environ 70 % sont des hommes.

Il y a un peu plus d'un siècle, en 1915 aux États-Unis, un groupe de 150 hommes influents s'est engagé activement en faveur du droit de vote des femmes, jouant un rôle décisif dans les dernières années d'un combat qui allait transformer la vie politique du pays. Ces hommes alliés des suffragettes, appelés les "suffragents", étaient membres de la Ligue des hommes pour le vote des femmes. Une fois le droit acquis, ces alliés se sont effacés. »

Chapitre 10

N'être que de passage

Parce que l'on sait n'être que de passage à des postes comme celui de président, à quel moment se dire que l'on n'apporte plus rien ? Que l'on passe plus d'énergie à sa propre survivance qu'à faire avancer les sujets ? Durer n'est pas un but en soi, diriger n'est pas une rente à vie. À quel moment comprendre que notre temps est terminé et comment préparer sa succession ? Est-il permis de s'imaginer ouvrir un restaurant aveyronnais-corse à New York alors que l'on est encore en poste ? Jusqu'où faut-il mourir sur scène ?

Avant, pendant, après

Quand on est un élu mutualiste, on doit accepter l'idée de n'être que de passage. Cela vaut pour toutes les entreprises ou organisations. On ne peut se contenter de la retraite comme perspective lorsque l'on devient président à 47 ans. Il ne doit pas y avoir de rente de situation. C'est facile à dire, à se le représenter intellectuellement. Ce n'est pourtant pas aussi simple. Tout d'abord parce que s'arrêter ne doit pas signifier que tout s'arrête. Et ensuite parce qu'une fois que l'on accède à un poste, une fonction ou une responsabilité, on peut être amené à voir les choses un peu différemment, à se dire que l'on se sent à sa place et que finalement, on aimerait que cela dure le plus longtemps possible. On a naturellement tendance à envisager les choses par rapport à soi et à son propre intérêt, et moins par rapport à celui de la structure.

Président est une fonction élective, rythmée par des mandats renouvelables. Ceux de mes récents prédécesseurs ont duré entre quatre et neuf ans. C'est une fourchette et rien aujourd'hui dans nos statuts n'interdit de faire plus tant en nombre d'années que de mandats. Alors qui décide combien de temps ça dure ? Personne. Certains de mes prédécesseurs ont quitté leur fonction pour une question de limite d'âge et d'autres parce qu'ils accédaient à d'autres fonctions ou à d'autres responsabilités. Si nous ne sommes tous que de passage, rien ne cadre ni ne fixe la durée de ce passage. C'est donc une considération discrétionnaire. Lorsque j'ai été élu président de la MGEN, je me suis posé la question de savoir jusqu'à quand. Et je n'y ai pas apporté de réponse à ce moment-là. On a toujours considéré que la MGEN s'était toujours organisée pour avoir les présidents dont elle avait besoin au moment où elle en avait besoin, au regard de son contexte et de ses enjeux. Coup de chance ou préparation anticipée des futurs dirigeants ? Hasard ou force des collectifs qui valident ces accessions ?

Faut-il préparer sa suite ?

Pour n'être que de passage et ne pas s'accrocher à son poste au motif qu'on n'aurait pas d'autres perspectives, il faut préparer à la fois sa succession et sa suite. Je pense qu'on ne peut pas faire bien le premier si l'on ne prépare de second.

Parce qu'on n'est pas propriétaire de son poste et parce qu'on ne l'exerce pas de manière sacrificielle.

Au moment où j'ai été nommé, j'ai voulu éviter les écueils que je considérais appartenir au passé, et anticiper ma succession en envisageant l'identité de mon successeur. J'ai écouté chaque prise de parole cortiquée, observé les militantes et les militants qui prenaient des responsabilités, dans mon premier cercle mais aussi au-delà. Je me suis aussi posé la question de savoir si c'était à moi de choisir cette personne.

Je me suis rendu compte qu'en ouvrant ces réflexions, je créais la perspective de mon propre départ alors même que je venais tout juste d'arriver. C'était une erreur que de me glisser dans les habits du partant alors que je venais juste de poser mes affaires dans le bureau de président. Ces réflexions méritent d'être gardées pour soi, car si vous les faites exister en dehors de votre esprit, elles deviennent réelles pour celles et ceux qui les reçoivent. L'entreprise va alors bruisser d'une rumeur : vous voudriez partir ! Vos paroles et vos actes seront alors rapidement démonétisés car on vous pensera sur le départ. Naturellement, les équipes auront tendance à se tourner vers la personne dont ils estimeront qu'elle prendra votre suite. Préparer sa propre succession est donc un tabou.

Alors faut-il se préparer ou pas ? Je pense que la première chose à faire est d'accomplir au mieux votre mission d'élu. Répondre aux enjeux sur lesquels on vous attend. En trois mots : faire le travail. En revanche, rien ne vous empêche d'être attentif aux personnes qui vous entourent. Les observer, les voir évoluer, et même disons-le, les juger. Leur donner des outils, aussi, leur confier des pistes de réflexion.

Dans un monde idéal, chaque dirigeant aimerait désigner son successeur, mais cela ne se pratique que dans une minorité de structures (hors entreprises patrimoniales). À la MGEN, c'est toujours le président qui a désigné son successeur, dans une tradition de légitimisme ancrée. Avant, il suffisait que le président annonce officiellement qu'il voulait soutenir Untel pour que tout le monde vote pour lui. Les candidats étaient nombreux, mais cela se gérait dans le bureau feutré du président : « Ce n'est pas possible, ce ne sera pas toi, je te demande d'être loyal et légitimiste. »

Aujourd'hui, on ne peut plus fonctionner ainsi. Je ne suis pas arrivé de cette manière, mais en portant une candidature dissidente, libre et indépendante, ce qui n'était jamais arrivé. Une bonne méthode serait d'ouvrir les candidatures et de permettre au collectif de le choisir.

Je me suis déjà posé la question : si je devais partir demain, qui prendrait ma place ? Je n'ai pas d'avis tranché sur le sujet. Le candidat parfait n'existe pas, et si je peux trouver certains collaborateurs efficaces sur une situation, d'autres paraissent meilleurs dans d'autres domaines. À mes yeux, le premier critère serait la solidité. Quelqu'un qui n'est pas intimidable, pas friable, qui ne panique pas, qui sait se maîtriser. Quelqu'un qui incarne une sérénité, qui n'est pas lunatique, qui ne perd pas son sang-froid. Plus que tout, le leadership me semble primordial. Un leadership dynamisant, doté d'une vision stratégique. Nombreux sont ceux qui ont envie d'entraîner les hommes et les femmes, mais combien sont vraiment suivis ? Ce n'est pas toujours le ou la meilleur(e) élève qui devient président(e) ni le ou la prochain(e) sur la liste d'attente, celui ou celle qui fait bien ses devoirs, ou qui estime que son tour est venu. Si la MGEN est une école de la méritocratie par certains aspects, tout le monde ne peut pas devenir président. Vouloir se mettre en avant, être sur la photo, avoir sa place dans les ragots des machines à café, ne seraient pas des critères pertinents pour présider une entreprise.

Penser à sa succession, c'est aussi lâcher prise, accepter l'idée que l'on ne maîtrisera pas tout. Que la personne qui nous succédera ne fera pas ce que l'on aurait fait soi-même, et remettra en question mes projets, pour de bonnes ou de mauvaises raisons. Mon accession à la présidence n'a pas été simple mais je n'ai jamais porté de jugement sur mes prédécesseurs.

Laisser sa place

Évidemment, tout dirigeant veut laisser une trace, se dire qu'on se souviendra de lui. Je peux dire qu'on se souviendra de moi comme de celui qui a aboli la cravate à la MGEN. J'espère aussi qu'on se souviendra de moi comme de quelqu'un qui a mis toute son énergie pour faire évoluer un modèle, pour qu'il reste en phase avec les contraintes du moment sans perdre son âme, et pour lui donner un avenir. Que j'ai toujours eu à cœur l'intérêt général, dans mes paroles comme dans mes actes. Que j'étais un président humain.

Le moment venu, j'aimerais qu'on dise que j'ai été le président dont la MGEN avait besoin à ce moment de son évolution. Que j'ai été capable de faire passer au groupe les obstacles qui se dressaient sur son passage. Mais je voudrais surtout que l'on me considère comme le président qui a réconcilié performance économique et performance sociale, les deux faces d'une même pièce. Et qu'au-delà des transformations que la MGEN a vécues, les militants ont eu plaisir à y militer et les salariés à y travailler. Que nos adhérents se sentent véritablement protégés, et savent ce que leur mutuelle est en capacité de faire pour eux. C'est un exercice difficile de se projeter dans l'après quand on est encore dans le pendant. Ce ne sera pas si simple de regarder mon successeur, de lui souhaiter pleine réussite, et de refermer la porte derrière moi en me disant, pendant que l'ascenseur descend, qu'il y a des choses que je n'ai pas réussies à faire.

Depuis le début de mon parcours, j'ai des convictions profondes, une vision politique ancrée dans la justice sociale, l'autonomie et la solidarité. Ces valeurs, que l'on retrouve au cœur des principes de l'économie sociale et solidaire, ont guidé mon action. J'ai toujours pensé que la santé et l'éducation sont les deux piliers d'une société juste et équilibrée. Ces services publics, trop souvent considérés comme un coût, sont au contraire des investissements indispensables pour l'avenir, pour garantir à chacun l'accès aux mêmes opportunités.

La dérégulation, souvent présentée comme un moyen de libérer l'individu, ne fait en réalité qu'instaurer un rapport de force, et ce, aussi bien dans le monde économique que dans la société. En supprimant certains droits, on prétend offrir plus de liberté, mais on fragilise en réalité les fondements de l'égalité. L'autonomie, que je défends, ce n'est pas l'individualisme, mais la capacité à créer des repères collectifs qui nous permettent de nous organiser ensemble dans un espace commun. C'est cette autonomie qui permet de développer des relations de solidarité et de justice.

Ce sont les petites unités de proximité qui créent du lien : la bande, le quartier, le chef, sont autant de repères tangibles qui permettent de naviguer dans un univers complexe, souvent agité. La question de l'universalisme et du particularisme se pose constamment : comment créer un équilibre entre l'unité collective et la reconnaissance des particularités de chacun ? L'idée du « nous contre eux » s'installe progressivement dans les sociétés où l'autoritarisme commence à remplacer la démocratie. La vérité disparaît, manipulée par les statistiques et supplantée par le mensonge. Il est crucial de résister à cette dérive.

La résistance ne consiste pas seulement à lutter dans une situation donnée, mais aussi à s'opposer aux forces qui cherchent à nous imposer une vision du monde inégalitaire. Le renoncement à certaines formes de visibilité est parfois nécessaire pour permettre à d'autres de s'épanouir, comme c'est le cas avec la question de la visibilité des femmes dans les instances de pouvoir. Enfin, la laïcité doit aussi s'imposer comme un principe fondateur dans les entreprises. Elle permet d'établir un cadre où les individus sont égaux, quelles que soient leurs croyances ou leurs origines. Cette vision sous-tend ma conviction : l'entreprise et la société doivent avant tout se fonder sur les principes de justice sociale, de solidarité et d'autonomie, qui permettent de construire un avenir commun.

Chapitre 11

La France sans mutuelle : une dystopie ? Non, un cauchemar social, économique et démocratique

Tout au long de ce livre, j'ai partagé avec vous ma vision du rôle de patron. Si je prétends être un « patron autrement », ce n'est pas uniquement lié à mon parcours singulier, à ma personnalité ou à mon style de leadership. C'est avant tout parce que je suis président d'une entreprise mutualiste. À mes yeux, la MGEN ne sera jamais remplaçable, jamais interchangeable. Parce que j'ai tissé un lien avec chaque personne qui s'engage pour elle, pour ses valeurs. Mais aussi parce que le modèle mutualiste apporte des solutions à tant de problèmes que la France traverse aujourd'hui. Quand j'entends critiquer les mutuelles, qui rembourseraient trop tard, qui seraient trop archaïques, qui auraient trop de fonds propres… je suis scandalisé. Parce que c'est une telle paresse intellectuelle que de porter ces critiques-là ! C'est ne rien comprendre ni du modèle économique ou de la raison d'exister de nos mutuelles.

Depuis plus d'un siècle, les mutuelles sont au cœur du modèle social français. Elles garantissent l'accès aux soins, financent des structures de santé, soutiennent la vie associative et font vivre un modèle de démocratie économique unique. Pourtant, quand j'entends des critiques contre le modèle mutualiste, j'ai envie de répondre : chiche ! Imaginons un instant que ce modèle disparaisse. Imaginons une France sans mutuelles. Allons-y, faisons cet exercice. Loin d'être un progrès, ce serait une catastrophe sociale, économique et démocratique d'une ampleur sans précédent.

Un système de santé en faillite : 20 millions de Français renoncent aux soins

Les mutuelles ne se contentent pas de rembourser les soins, contrairement à l'image qu'on s'en fait : elles jouent un rôle essentiel dans le financement de la santé. Aujourd'hui, elles prennent en charge environ 40 milliards d'euros par an, soit 15 % des dépenses de santé des Français. Sans elles, l'Assurance maladie devrait combler ce manque. Mais sans moyens supplémentaires, elle serait contrainte de réduire ses remboursements.

Résultat ? Une explosion des frais de santé pour les patients : la consultation d'un généraliste verrait son reste à charge (le ticket modérateur) être au minimum de 9 euros pour les médecins conventionnés secteur 1. Ce serait bien plus chez les médecins pratiquant des dépassements d'honoraires. La consultation chez un spécialiste pourrait laisser un reste à charge à l'assuré social qui atteindrait 40 à 50 euros. Quant aux soins dentaires, compte tenu de la faible part prise par l'Assurance maladie, la pose d'un bridge par exemple ferait passer le reste à charge avec une mutuelle de 0 euro dans certains cas à plus de 1 200 euros. Pire encore côté lunettes et appareils auditifs : une paire de lunettes coûterait 500 euros, et il resterait à la charge des patients pour des prothèses auditives des montants allant de 1 500 à 3 000 euros.

Face à ces coûts insoutenables, les Français renonceraient en masse aux soins : on peut estimer que 20 millions de personnes ne consulteraient plus de spécialiste. 50 % des Français renonceraient à des soins dentaires. 35 % des seniors ne s'équiperaient plus en prothèses auditives. Le taux de retard de diagnostic des cancers bondirait de

30 %, entraînant une augmentation de la mortalité évitable. Ce scénario n'est pas une exagération : il est la conséquence logique d'un financement public insuffisant. Sans mutuelles, les soins deviendraient un luxe réservé à ceux qui peuvent payer sans bénéficier de la solidarité.

Une crise économique majeure : près de 100 000 emplois supprimés, un secteur non délocalisable sacrifié

Les mutuelles ne sont pas seulement un acteur de la santé : elles sont aussi un moteur économique majeur, représentant 100 000 emplois directs et indirects. Contrairement aux multinationales, elles sont ancrées localement, investissent en France et ne délocalisent pas leurs activités. La suppression des mutuelles entraînerait 100 000 suppressions d'emplois dans les agences, les centres d'appels, les services administratifs, les structures de soins mutualistes, l'IT, la communication, les services juridiques.

Ces emplois seraient perdus définitivement, frappant de plein fouet les classes moyennes et les territoires où les mutuelles sont souvent un des premiers employeurs.

Le naufrage des EHPAD et du soutien aux personnes âgées

Les mutuelles gèrent et financent des centaines d'établissements médico-sociaux, notamment des EHPAD mutualistes qui garantissent des tarifs accessibles. La disparition des mutuelles signifierait la fermeture des EHPAD mutualistes, voire leur reprise par des organismes privés lucratifs générant une importante hausse des tarifs, rendant le coût moyen d'un EHPAD privé inaccessible pour les classes moyennes (4 000 €/mois).

Les familles, déjà en difficulté, devraient assumer seules la charge du vieillissement. Beaucoup de seniors finiraient isolés, mal soignés, précipitant une crise sociale inédite.

La fin du soutien aux associations et au sport amateur : des milliers de clubs menacés

Savez-vous combien d'associations, d'initiatives, de projets sont financés ou soutenus par les mutuelles ? Les rendez-vous de l'Histoire à Blois, le Festival de la BD à Angoulême, les réseaux comme Femmes de santé, l'appli de prise en charge de l'endométriose Lyv, les sportifs et même les clubs de sports… cette liste est loin, bien loin d'être exhaustive ; nous nouons de nombreux partenariats avec le monde de l'engagement de la culture ou du sport. Les mutuelles ne se limitent pas à la santé, chaque année, elles investissent des millions d'euros pour soutenir des associations sportives et culturelles.

Sans ce soutien, nombre de ces clubs fermeraient, faute de financements. Les cotisations sportives augmenteraient, excluant les familles modestes. L'abandon du sport chez les jeunes progresserait significativement, aggravant la sédentarité et l'obésité. En privant les associations de ce soutien, nous priverions une partie des jeunes d'un accès au sport, avec des conséquences dramatiques sur leur santé et leur éducation.

Une démocratie amputée : la fin de la gouvernance mutualiste

Les mutuelles sont l'un des rares espaces où la démocratie économique fonctionne réellement. Chaque année, elles permettent à des milliers de sociétaires d'élire leurs représentants, à 5 000 administrateurs bénévoles d'influer sur les décisions stratégiques. Avec leur suppression, les citoyens perdraient un levier d'action sur leur propre protection sociale. Le pouvoir se concentrerait entre les mains de l'État et des assureurs privés, sans consultation démocratique. L'implication citoyenne reculerait, aggravant la défiance envers les institutions. Supprimer les mutuelles, c'est priver les Français d'un modèle où ils ont leur mot à dire. C'est transformer un système de solidarité en un marché où seuls les plus riches ont accès aux soins et aux services essentiels.

Un choix aux conséquences irréversibles

La suppression des mutuelles ne serait pas un progrès. Ce serait une catastrophe : 100 000 emplois perdus, des millions de Français renonçant aux soins. Un effondrement du financement du sport et des associations. Une crise démocratique majeure. Face à un tel désastre, les Français demanderaient rapidement un retour au mutualisme. Mais reconstruire ce qui a été détruit prendrait des décennies.

La France, autrefois pionnière de la solidarité et de la démocratie sociale, deviendrait un pays où seuls les plus riches pourraient se soigner correctement.

Ne nous y trompons pas : les mutuelles ne sont pas une charge, elles sont un pilier. Elles font vivre l'économie locale, garantissent un accès aux soins et à la prévention, et structurent la vie associative. Leur disparition serait un cauchemar dont la

France ne se relèverait pas. C'est pourquoi il est essentiel de les défendre et de les renforcer, pour que notre pays reste un modèle de solidarité et d'inclusion. Pourtant, qui aujourd'hui défend le modèle mutualiste ? Nous sommes trop timides, trop humbles par construction, nous encaissons trop de critiques dans le débat public en tendant l'autre joue.

Je suis fier d'être un patron mutualiste. Fier de présider une entreprise qui agit sur la société, qui s'engage, qui soutient ceux qui en ont besoin. Fier de celles et ceux qui la font vivre sans autre but que d'être réellement utile.

Conclusion

Les paradoxes du leader

Exercer la fonction de président d'une entreprise ne signifie pas qu'on en devient le leader. Le leadership n'apparaît pas comme un titre sur la carte de visite. Au demeurant, ce n'est pas parce qu'on se pense leader qu'on l'est réellement. Et quand bien même, les leaders dirigeants espèrent se reposer sur leur leadership, les équipes au sein de l'entreprise ont autant besoin d'un expert que d'un leader. Elles ont besoin de quelqu'un qui connaît avec précision leurs problèmes, alors que votre rôle est d'avoir une vision macro des choses pour anticiper les difficultés et leur solution. C'est un véritable grand écart, le quotidien d'un patron.

Convaincre, partager ses convictions, amener les gens à le suivre, projeter les personnes dans le futur, être capable d'arbitrer, assumer les réussites comme les échecs, faire preuve d'empathie, voilà ce qui devrait occuper l'énergie d'un leader. Mais prendre une décision est la chose la plus insécurisante qui soit. Dans une organisation, nombreux sont ceux qui, en France surtout, ne prennent aucun risque et se sécurisent au maximum pour éviter les critiques. Ce faisant, une personne qui a une délégation de pouvoir sollicitera le dirigeant en amont avant de statuer. Il se sécurise, certes, mais il affaiblit surtout sa délégation et sa plus-value dans l'organisation et mettant le dirigeant en situation de décider de tout à sa place. Si j'avais voulu me prononcer moi-même sur un sujet, je n'aurais pas mis en place de délégation. Je fais confiance à mes équipes pour qu'elles prennent des décisions éclairées et efficaces. C'est cela qui me permet de me concentrer sur ma mission de président, sans occuper en même temps toutes les autres fonctions. De la même manière, certains sujets ne rentrent pas dans les cases habituelles et ne relèvent de la responsabilité de personne en particulier ; ils reviennent alors au président, qui doit s'en emparer.

Il existe des paradoxes quant au leadership. Tout d'abord, on voudrait toujours être plus leader qu'on ne l'est, et on pense l'être plus qu'on ne l'est vraiment.

Autre paradoxe : la capacité à être un leader, c'est la capacité à voir loin. Mais quel que soit votre style de leadership, il doit rentrer dans un cadre. Et cela peut être frustrant. On est leader d'une histoire, d'une marque, d'une entreprise, d'équipes. Votre vision, vos convictions peuvent parfois faire écho au mot près à celles des autres. Combien de fois ai-je reçu des SMS de militants, de salariés ou d'adhérents après des discours, me disant : « Tu as exprimé exactement ce que je pensais ! » Ce n'est pas un hasard. Je prépare chaque prise de parole en me disant : je les engage. Je les représente. Mais parfois, les convictions du leader se heurtent à celle des autres. Et vous ne pouvez pas tout changer, surtout lorsque votre organisation existe depuis plusieurs décennies, et qu'elle avait vécu sans vous jusque-là.

Dans tous les cas, il reste un paradoxe immuable : l'écart important entre vos convictions formelles, celles que vous voudriez mettre en œuvre, et vos convictions réelles, celles qu'effectivement vous mettez en œuvre. C'est le delta entre l'idéal et le réel. Mais cet écart ne doit jamais se muer en incohérence entre ce qui est prêché et ce qui est fait.

Quand on est président d'une entreprise mutualiste, on ne peut pas avoir la tête uniquement dans les chiffres. L'humain est au cœur de notre modèle mutualiste. Pour autant, il faut accepter de ne pouvoir faire plaisir à tout le monde. Comment appréhender cela ? Le rapport de force n'est pas mon prérequis mais mon joker, je donne toujours sa chance au consensus. On dit souvent que la violence appartient au monde capitalistique, mais dans ce monde-là, les problèmes se règlent dans des salons feutrés. Et le seul véritable sujet est le nombre de zéros sur le chèque. Dans l'ESS, il n'y a pas de chèques. Il peut donc parfois y avoir une certaine violence symbolique. Je pense à ce président de mutuelle débarqué au cours d'une séance du CA par un vote des administrateurs. Ce n'est pas si paradoxal : c'est une organisation humaine, dans laquelle vous vous engagez avec votre cœur et vos tripes. Les décisions ne sont jamais ressenties exclusivement à l'aune d'une lecture rationnelle des faits. Pour autant, en tant que président, je ne peux pas me laisser guider par l'affect uniquement. J'ai une responsabilité économique, éthique, pénale, humaine. Je passe devant les électeurs plus souvent qu'un maire ou un président de la République. Les administrateurs n'ont pas besoin de m'aimer pour voter pour moi. Ce n'est plus ce que je recherche : je cherche à les convaincre. Alors que je vous ai confié plus tôt que j'avais tissé des liens forts avec tous… un nouveau paradoxe !

Dans une entreprise comme la MGEN, avec son histoire, il est important d'accepter vraiment d'être un patron et d'arrêter de s'excuser de l'être. C'est le cheminement qui a été le mien, fort des dix-sept années que j'ai données pour cette entreprise, menant des batailles pour transformer les modèles, pour moderniser le groupe, tout en restant fidèle à sa culture et au service de nos adhérents. Je m'y suis essayé sans oublier d'où je viens.

Finalement, quelle que soit notre activité et à notre propre échelle, nous avons tous la capacité d'être un patron autrement.

Remerciements

À Marlène Schiappa, sans qui ce livre n'existerait pas. Merci de m'avoir encouragé, poussé, challengé, conseillé, soutenu en toutes circonstances. Merci pour ton exigence bienveillante. Et pour tout le reste.

À Manuel Carcassonne pour sa confiance et pour s'être dit : « L'idée me plaît. »

À Sandra Monroy pour avoir édité ce livre, pour sa patience et ses conseils.

À toutes les personnes qui ont inspiré ces lignes ou qui ont contribué à mon parcours. À toutes les femmes et tous les hommes qui se passent le flambeau d'une incroyable aventure humaine depuis près de quatre-vingts ans.

Cet ouvrage a été composé
par Nord Compo
et achevé d'imprimer sur Roto-Page en avril 2025
par l'Imprimerie Floch à Mayenne
pour le compte des Éditions Stock
21, rue du Montparnasse, 75006 Paris
stock@editions-stock.fr

PAPIER CERTIFIÉ

Stock s'engage pour l'environnement en réduisant l'empreinte carbone de ses livres. Celle de cet exemplaire est de :
500 g éq. CO_2
Rendez-vous sur www.editions-stock-durable.fr

Imprimé en France

Dépôt légal : mai 2025
N° d'éditeur : 01 – N° d'impression : 106943
75-07-9361/5